1. Auflage 2015

www.conbook-verlag.de

Einbandgestaltung: Nina Eggemann
Druck und Verarbeitung: CPI – Ebner & Spiegel GmbH, Ulm

Printed in Germany

ISBN 978-3-943176-47-6

Thomas Fuchs

HOLLAND speciaal

Eine lekker Landeskunde
über wakker Nederland

eBOOK
inside

Mit unten stehendem Code können Sie sich kostenlos die E-Book-Ausgabe dieses Buches herunterladen.

1. Gehen Sie auf: www.conbook-verlag.de/ebookinside
2. Lesen Sie sich die dort aufgeführten Hinweise sorgfältig durch.
3. Wählen Sie dann Ihr gewünschtes E-Book-Format und tragen Sie Ihre E-Mail-Adresse und folgenden Code ein:

cmKS1R4sigyV

4. Wir schicken Ihnen daraufhin einen Download-Link an die angegebene E-Mail-Adresse, mit dem Sie das E-Book herunterladen und dann auf Ihr Gerät übertragen können. Bei Amazon-Kindle-Nutzern erfolgt der Versand des E-Books direkt auf den Reader.

Wir wünschen Ihnen viel Freude beim Lesen.

Ihr CONBOOK Verlag

Inhalt

Gewidmet Vader Abraham, der nicht nur Erfinder der Schlümpfe ist, sondern auch Schöpfer des unsterblichen Liedes *Wenn die Slipeinlage nur gut sitzt.*[1] Ein Land, das Künstler mit dieser Bandbreite hervorbringt, lohnt einen tieferen Blick.

1 Zur Info: www.youtube.com/watch?v=LgnSf6PipJ4

Vorwort

Ende 1960 reiste der Schriftsteller John Steinbeck quer durch die Vereinigten Staaten. Ihm war aufgefallen, dass er – obwohl Amerikaner mit vollem Herzen – recht wenig von seinem Land als Gesamtheit wusste. Nach seiner Jugend in Kalifornien lebte er nun schon lange in New York. Von dort aus fuhr er ab und zu mal nach Chicago – und das war es dann. Wie sollte jemand, der seine Heimat nur punktuell kennt, für die ganze Nation sprechen?

Seine Rundreise unternahm Steinbeck allein in einem extra für diesen Trip umgebauten Wohnwagen. Einziger Begleiter war ein französischer Königspudel, der offenbar nicht so beschränkt war, wie manche Leute dieser Rasse unterstellen. Das Tier war allerdings als Wachhund kaum zu gebrauchen, was letztlich aber auch nicht notwendig war. Obwohl ihn Bekannte gewarnt hatten, war die viele Tausend Kilometer lange Reise, die ihn durch neununddreißig Bundesstaaten führte, gefahrlos und der Pudel erwies sich als hilfreich, wenn es darum ging, mit Leuten ins Gespräch zu kommen.

Ein paar Jahre später veröffentlichte Steinbeck seine Erlebnisse unter dem Titel *Reisen mit Charley*. Bald sollte er für sein Gesamtwerk mit dem Nobelpreis ausgezeichnet werden. Dank seiner Reiseerfahrungen konnte er nun mit gutem Gewissen für die USA sprechen. Als Nobelpreisträger hat man den Vorteil, dass so ziemlich alles, was man sagt, mit Respekt vernommen wird, aber dennoch muss bemerkt werden, dass das Steinbeck'sche Programm einen nicht wirklich vom Hocker haut. Er macht die üblichen Erfahrungen. Manche Orte sind ganz anders geworden, als er sie in Erinnerung hatte. Andere sind genauso geblieben. Und dass der berühmte Schriftsteller sich nicht daran störte, dass er so gut wie nirgendwo erkannt wurde, zeigte natürlich, was für ein toller und volkstümlicher Typ er trotz all seiner Erfolge geblieben war.

Trotzdem hat das Buch viele Nachahmer gefunden. Was weniger an den Resultaten lag als an der Methode. So fanden sich immer wieder Autoren, die entweder Steinbecks Route durch die USA nachfuhren oder eine eigene entwarfen oder die Idee auf andere Länder übertrugen. Insofern war der Gedanke auch für mich naheliegend, das Konzept auf eine Rundreise durch unser nordwestliches Nachbarland zu übertragen. Schließlich war Steinbeck in einem Wohnwagen unterwegs gewesen.

Nun gibt es nicht wenige Bücher über Holland. Im Wesentlichen fallen diese allerdings in zwei Kategorien: Reiseführer und das, was man als Länderporträt/Geschichtsbuch bezeichnen könnte. Darüber hinaus erschienen in den letzten Jahren vermehrt Erfahrungsberichte – überwiegend von Frauen –, die sich über die Grenze hinweg gepaart hatten und nun schilderten, wie sich der Kulturschock auf ihre Beziehungen auswirkte. Nicht alle der Verbindungen endeten glücklich, und wenn in diesen Texten das Scheitern der Beziehungen geschildert wurde, ließ sich oft ein gewissen Erstaunen herauslesen: Wir sind uns so ähnlich, warum dann all die Missverständnisse? Hier hätte ein Buch wie das vorliegende im Vorfeld für Aufklärung sorgen können.

Und was die Reiseführer betrifft: Es ist nicht die Absicht dieses Werkes, den Kollegen ihren verdienten Platz im Bücherregal streitig zu machen. Viele Reiseführer sind gut geschrieben und solide recherchiert. Aber das Bild, welches ein Reiseführer von einem Land zeichnet, ist notgedrungen schief. Es liegt in der Natur des Genres, dass die Schönheiten und Sehenswürdigkeiten im Mittelpunkt stehen. In diesem Buch hingegen werden auch die unattraktiven und weniger bekannten Ecken vorgestellt. Nicht in der Absicht, sie zu Touristenmagneten hochzuschreiben oder sie madig zu machen, sondern weil ein Gesamtbild des Landes samt der Befindlichkeiten seiner Bewohner gezeichnet werden soll. Damit man besser versteht, was dieses Land, das von nicht wenigen Vorurteilen heimgesucht wird, wirklich ausmacht.

Vor ein paar Jahren stand in einem humoristisch gemeinten Roman sinngemäß die Aussage: *Wer in Holland Urlaub macht, fährt ins Ausland, obwohl er gar nicht ins Ausland will.* Dieser Eindruck ist falsch, aber verständlich. Auf den ersten Blick wirkt das

Land vertraut und ohne Geheimnis. Wie eine überdimensionierte Modelleisenbahnanlage, sauber aufgeräumt und meist rechtwinklig geordnet und alles andere als abwechslungsreich.

Da in den Niederlanden jeder Gast willkommen ist, der Geld mitbringt und irgendwann wieder geht, wird ihm der Verbleib auch so einfach wie möglich gemacht. Sprachkenntnisse sind nicht erforderlich; es gibt Ausländer, die dort seit Jahren wohnen, ohne auch nur einen einzigen Satz Holländisch zu verstehen, sich aber nichtsdestotrotz für profunde Kenner ihres Gastlandes halten.

Dieses Buch möchte einen Blick auf die Kulissen geben, und auch auf das, was sich dahinter verbirgt. Im Text werden die zwölf Provinzen vorgestellt, dabei dürfte sich zeigen, dass das Land – so klein es ist – vielschichtiger, komplexer und – ja, auch das – interessanter ist, als man vielfach meint. Um den Gebrauchswert der Informationen zu vergrößern, ist jedem Provinzkapitel ein kurzer Abschnitt über Sehens- und Merkwürdigkeiten der jeweiligen Region beigefügt.

Da jener ungebetene Gast, der von 1940–1945 in den Niederlanden viel länger als erwartet weilte, in dem Selbstverständnis seiner Bewohner immer noch eine bedeutende Rolle spielt, werden auch Orte und Geschehnisse beschrieben, in denen Deutschland eine Rolle spielte. Es ist richtig, dass sich in dem Verhältnis Deutschland-Niederlande in den letzten Jahren viel entspannt und verbessert hat, aber es stimmt ebenso, dass die Ereignisse immer noch unterschiedlich gewertet werden. Während es in der deutschen Darstellung in der Regel die Nationalsozialisten waren, die einen verbrecherischen Weltkrieg entfesselten, und Kriegsgräuel von der Waffen-SS oder bestimmten Einheiten der Wehrmacht bzw. manch andere Untaten auch nur im deutschen Namen verübt wurden, ist die holländische Version einfacher: Es waren schlicht die Deutschen.

Nun kann man natürlich fragen: Was habe ich davon, wenn ich mehr über Holland weiß? Ich komme ahnungslos doch genauso klar. Warum nicht dumm bleiben?

Ganz einfach: Wer mehr weiß, sieht mehr und hat mehr Spaß. Und bei Holland kommt noch hinzu: Durch die nahe Verwandtschaft wird der Blick aufs Nachbarland zu einem Blick in den Spiegel. Zwar keinem von der Sorte, die hundertprozentig akkurat das eigene Antlitz wiedergibt, sondern eher wie jene, die es früher auf Rummelplätzen gab und die einem eine dicke Nase und ein unförmiges Kinn zeigten. Sie machten einen zur Karikatur – und genau wie in einer Karikatur wird durch den »holländischen Spiegel« einiges deutlicher, anderes verzerrt und vieles klarer.

Bevor es nun richtig losgeht, noch eine kurze Erklärung: Wer sich die Mühe macht, Niederländisch zu lernen, erfährt von seinen Lehrern als Erstes, dass es ein großer Fehler sei, *Holland* statt *die Niederlande* zu sagen. Denn Holland, das sei allein der Name von zwei Provinzen (Nord und Süd), die früher einmal so bewaldet waren, dass sie als »Holzland« bezeichnet wurden. Wenn der Sprachkursteilnehmer sich später mit seinen frisch erworbenen Kenntnissen in den Alltag stürzt, macht er bald die Erfahrung, dass sich von den Einheimischen niemand darum schert, ob er

Holland oder *Niederlande* sagt. Im Niederländischen hat *Nederland* eine Silbe mehr als Holland, im Deutschen die *Niederlande* sogar vier. Es würde mit Verwunderung zur Kenntnis genommen werden, wenn man aus Höflichkeit seine kostbare Zeit in zwei Silben investiert. Und so soll auch in diesem Text verfahren werden. *Holland* und *Niederlande* werden einander munter abwechseln und so verwendet werden, wie es gerade passt.

Noord-Holland

Auf der Landkarte sieht die **Provinz Noord-Holland** wie ein mahnend erhobener Zeigefinger aus. Links vom Finger befindet sich die Nordsee, rechts das IJsselmeer und an der Spitze, gewissermaßen als Fingernagel, die Insel Texel. Noord-Holland ist beinahe doppelt so groß wie das Saarland und hat knapp drei Millionen Einwohner. Die Silhouette des erhobenen Zeigefingers ist nicht unpassend, wenn man bedenkt, wie gerne Holländer andere belehren und »aufklären«. Und nicht wenige verwenden viel Zeit darauf, einem klarzumachen, dass man die ganzen Niederlande auf keinen Fall mit Amsterdam gleichsetzen darf.

Amsterdam ist die größte Stadt Noord-Hollands. Und ob es den Landsleuten in den anderen Regionen gefällt oder nicht, diese Stadt dürfte in weiten Teilen das Image bestimmen, welches die Welt von Holland hat. Dafür sind die Landsleute nicht immer dankbar. Amsterdam ist nicht unbedingt die Hauptstadt der Herzen. Irgendwie kann sich nicht jeder Niederländer mit dem Gedanken anfreunden, dass die Welt mit seinem Land vor allem ein Sündenbabel verbindet, welches gleich hinter dem Bahnhof beginnt (so weit, so üblich). Und wenn dann bei jeder Begegnung der Gesprächspartner in ein Grinsen verfällt, welches er für ahnungsvoll hält (»Hähä, Holland. Gras rauchen, hähä.«), und wenn dann der Holländer auch noch den Fehler macht zu erklären, dass man nicht »Gras rauchen« sagt, sondern »blowen« – dann sitzt er gleich noch tiefer im Schlamassel (»Verstehe. Blowjob, hähä.«).

Es muss ein bisschen so sein, als würde man als Deutscher überall auf der Welt immer nur nach dem Oktoberfest oder der Reeperbahn gefragt. Aber zum Glück gibt es bei uns ja auch noch andere Assoziationen. Eine wechselvolle Geschichte hat manchmal auch ihre Vorteile.

In Wahrheit ist Amsterdam so typisch niederländisch wie Wien typisch österreichisch oder New York amerikanisch ist. Wer Amsterdamer aus vollem Herzen ist, versucht aus dieser Alleinstellung das Bestmögliche zu machen. Man sieht sich – mindestens! – in einer Liga mit New York. Wofür es ja zumindest auch geschichtliche Argumente gibt. Die amerikanische Metropole wurde als *Nieuw Amsterdam* gegründet, und weil offenbar so viele dort siedelnde holländische Kolonisten Jan Kees hießen, bürgerte sich später für die Nordstaatler die Bezeichnung »Yankees« ein.

Ein Amsterdamer hält seine Stadt vor allem für eines: unvergleichlich. Dafür gibt es viele Gründe, nicht wenige in der Geschichte. Zwar wurde die Stadt der Grachten schon im Mittelalter gegründet, die Entstehungsgeschichte war allerdings nicht typisch mittelalterlich. Kein König, kein Bischof legte den Grundstein. Und an dem Beginn des Aufstiegs der Metropole steht, wie es sich für Holland gehört, ein Kompromiss.

Im 17. Jahrhundert wollten die Statthalter der gerade unabhängig geworden niederländischen Provinzen ihr Territorium ausdehnen, bis runter nach Flandern. Auch den wichtigen Hafen Antwerpen wollten sie gerne besitzen. Den Amsterdamern war das gar nicht recht. Denn erstens war Krieg schlecht fürs Geschäft und zweitens würde Antwerpen als Teil des Verbunds der Provinzen schnell wieder eine blühende Hafenstadt – und damit unliebsame Konkurrenz – werden. Der Status quo war für Amsterdam angenehmer. Antwerpen in spanischem Besitz und die Küste kurz davor in holländischer Hand. Da der damals herrschende Prinz Willem II. (in voller Länge lautet sein Name übrigens: Willem Frederik George Lodewijk van Oranje-Nassau) das anders sah, kam es zwischen ihm und der Stadt zum Streit. Truppen marschierten auf, Amsterdam sollte in die Knie gezwungen werden. Das klappte aber nicht so ganz, ein Teil der Soldaten verlief sich in der Heide bei Hilversum, die große Schlacht, die auch eine Machtdemonstration des Statthalters sein sollte, fiel aus. Schließlich einigte man sich darauf, einander nicht sonderlich zu mögen, aber es auch nicht ohne den anderen auszuhalten. Diese Vernunftehe begründete im 17. Jahrhundert sowohl den Aufstieg Amsterdams wie auch den der vereinigten Provinzen.

Amsterdam war immer eine Kaufsmannsstadt. Gegründet von unternehmungslustigen Pfeffersäcken, die tausende Pfähle in den

Morast des Flussufers rammten und fortan vor allem drei Dinge erledigen wollten: Geschäfte, Geschäfte und Geschäfte. Krieg war schlecht, weil er nicht gut fürs Business war, und Könige und Fürsten waren nervig, weil sie dauernd Sonderwünsche hatten und Versorgungsposten für ihre kretinöse Verwandtschaft wollten.

So blieb das Verhältnis zwischen der Stadt und dem Königshaus bis in die Gegenwart gespannt. Noch in den Sechzigerjahren des zwanzigsten Jahrhunderts kam es zu Ausschreitungen, weil Beatrix ausgerechnet den deutschen Prinz Claus heiraten wollte. Als sie 1980 den Thron bestieg, sah Amsterdam für einen Tag so aus, als sei das Land im Bürgerkrieg.

Die Auseinandersetzungen, die sich bald zu veritablen Straßenschlachten auswuchsen, begannen am Morgen in der *Klinkerstraat*, verlagerten sich im Laufe des Tages an die *Blauwbrug* und den *Muntplein*, bis sie dann am Abend am *Leidseplein* ihr Ende fanden. Es kam zum Einsatz von Wasserwerfern und Tränengas, Zivilfahnder mischten sich unter die Demonstranten, um »Rädelsführer« aus der Menge zu fischen. Für die Generation, die diese Auseinandersetzungen »live« erlebt hat, waren die Ereignisse so prägend wie für ihre deutschen Altersgenossen die Ereignisse um Wackersdorf und die Castor-Transporte.

In den Jahren danach besserte sich das Verhältnis ein wenig. Die Seelmann-Eggebrechts dieser Welt erzählten, dass die Amsterdamer ihren Claus mit der Zeit ins Herz geschlossen hätten und diese Zuneigung sich in vielen Scherzen zeigte. Das mag bei einigen stimmen. Richtig ist auf jeden Fall, dass viele Witze über den Gatten der Königin gemacht wurden.

Ein typischer Prinz-Claus-Witz ging so: Beatrix ist auf Dienstreise. Claus will die Zeit nutzen und sich im Rotlichtviertel einen blasen lassen. Leider weiß er nicht, was einen guten Blowjob ausmacht. Sein Kammerdiener weiß Rat. »Sagen Sie der Dame einfach, sie soll ihr Glied in den Mund nehmen und Honolulu sagen.«

Also macht sich Claus auf den Weg und murmelt als Gedächtnisstütze: »Honolulu. Hauptstadt von Hawaii. In Amerika. Hauptstadt. Amerika.«

Als Claus wieder in den Platz zurückkommt, bemerkt der Kammerdiener sein ziemlich verkniffenes Gesicht. »Majestät, was ist geschehen?«, fragt der Diener besorgt.

»Ach«, antwortet Claus. »Ich war so aufgeregt, dass ich den Namen der amerikanischen Hauptstadt verwechselt habe. Statt Honolulu habe ich Caracas gesagt.«

Wenn so ein Witz ein Beleg für die Beliebtheit von Staatsoberhäuptern ist, dann haben wir mehr populäre Politiker als ich dachte.

Die letzten königlichen Großereignisse, wie die Hochzeit zwischen dem jetzigen König Willem und seiner Máxima oder die Thronbesteigung des neuen Vaters des Vaterlandes in 2013, verliefen ohne größere Tumulte. Was wiederum als Zeichen der wachsenden Normalität interpretiert wurde. Es kann aber auch einfach nur Desinteresse sein.

Zwar ist Amsterdam heute offiziell die Hauptstadt des Königreichs der Niederlande. Aber effektiv ist dieser Titel so aussagekräftig wie der Satz, dass Berlin auch während der Teilung die

Hauptstadt Deutschlands war. Die königliche Familie ist eigentlich nur in der Stadt, wenn es wirklich nicht anders geht. Parlament und Regierung sitzen in Den Haag; das wirtschaftliche Herz des Landes schlägt in Rotterdam härter und effizienter. Und um die Verwirrung komplett zu machen. Hauptstadt der Provinz Noord-Holland, in der Amsterdam liegt, ist das nicht einmal halb so große Haarlem.

Amsterdam hat nicht mal eine Million Einwohner und fast so viele Fahrräder. Mindestens zweimal am Tag – morgens und abends – wird mit den Drahteseln eine Art »Reise nach Jerusalem« gespielt. Jeder versucht, sich eines zu schnappen und damit zur Arbeit zu fahren. Wer keines erwischt, muss laufen oder den öffentlichen Nahverkehr nutzen. Das dauert in der Regel doppelt so lange. Denn die Busse und Bahnen stehen oft im Stau und fahren Umwege. Wenigstens wirkt die Stadt so viel größer, als sie tatsächlich ist.

Auch wenn Amsterdamer Lokalpatrioten sind: Wer im Grachtengürtel wohnt, möchte in *Nieuw West* nicht tot überm Zaun hängen (und umgekehrt). Ein alle Schranken überwindendes Amsterdam-Gefühl entsteht eigentlich nur dann, wenn Ajax mal wieder Meister geworden ist und man die Konkurrenz mit Spottgesängen überziehen kann. Zum Glück für die Amsterdamer passiert das ziemlich oft. Aber ansonsten gibt es *den* Amsterdamer eigentlich nicht. Da jede Stadt der Welt ihre Superlative braucht, ist man in Amsterdam besonders stolz darauf, Heimat für fast zweihundert Nationalitäten zu sein.

Nichteuropäische Zugereiste wurden bis vor kurzem unter dem Stichwort *»allochtoon«* zusammengefasst. Der Begriff wurde 1971 von der Soziologin Hilde Verwey-Jonker geprägt, weil man nicht mehr das Wort »Imigrant« verwenden wollte. Aber wie es mit gutgemeinten Neuschöpfungen manchmal so ist, nach ein paar Jahren fand man diesen Ausdruck, der auch in der Geologie und Biologie verwendet wird, ebenfalls herabwürdigend. Eine neue allgemein akzeptierte Bezeichnung wurde allerdings bislang noch nicht gefunden; hierzulande würde man von »Menschen mit Migrationshintergrund« sprechen. Deren Anteil an der Stadtbevölkerung beträgt ein Drittel, bei den jüngeren Bewohnern machen sie über die Hälfte aus; dennoch sind die Probleme und Phobien in Amsterdam nicht so ausgeprägt wie beispielsweise in Rotterdam.

Der Idealzustand wäre natürlich, wenn die vielen Nationalitäten sich dauernd gegenseitig zum Essen einlüden und in ihrer Freizeit UNO-Vollversammlung spielten, aber die Wahrheit ist, dass die meisten mehr oder weniger enthusiastisch aneinander vorbeileben. Selbst Assimilierte, die bei ihrer Einbürgerung die üblichen Sprachkurse mit Wissenstest durchlaufen haben, bleiben bei ihrem – wie auch immer schadhaften – Englisch, weil es so einfach bequemer ist.

Zurzeit leben offiziell circa sechstausend Deutsche in der Stadt, sie haben aber – wie ihre Vorgänger in den vorangegangenen Jahrhunderten – wenig Spuren hinterlassen. Einzig die noch heute im Stadtbild auffallenden lutherischen Kirchen (wie die am Singel) sind ein Indiz dafür, dass es hier früher einmal eine deutsche Gemeinde gab.

Im sechzehnten Jahrhundert war Amsterdam von heftigen religiösen Auseinandersetzungen gezeichnet, der Übergang zur fortan herrschenden Staatsreligion Protestantismus indes war relativ friedlich. In der Folge konnte fast jeder nach seiner Fasson selig werden, allerdings mit Abstufung. Es war ein wenig so wie im Kalifat von Granada, bevor die Spanier es eroberten. Es gab den einen Glauben, der ein wenig gleicher war als der Rest, und wer dennoch einen anderen Gott anbeten wollte, der musste ein wenig tiefer in die Tasche greifen.

Heute sehen sich mehr als die Hälfte aller Einwohner als Atheisten, was – wenn es wirklich zum Anstieg des Meeresspiegels kommen sollte – bei interessierten Kreisen zu den einschlägigen, hämischen Kommentaren führen dürfte. Das alte Stadtzentrum Amsterdams ist auf tausenden Pfählen erbaut, der Spruch vom *Kikkerlandje* (Froschländchen), einer Ansiedlung, die auf Grund ihrer Wasser- und Landverbundenheit beinahe amphibisch wirkt, macht hier Sinn.

Amsterdam war früher auch mal eine richtige Industriestadt, mit echten Arbeiterbezirken wie dem Jordaan und riesigen Werften vor den Toren der Stadt, die Tausenden Arbeit gaben, bis eben das letzte Schiff von der Helling lief und der Trend in Richtung Dienstleistungsmetropole ging. In diesen Gegenden kann man – mit etwas Glück – auf waschechte Amsterdamer treffen, deren Humor rotziger und großstädtischer ist, als man es bei dem Bilderbuchambiente im Zentrum erwarten würde.

Wie das Berliner Argot hat auch der Amsterdamer Jargon eine große Zahl jiddischer und/oder hebräischer Worte adoptiert, und wer Außenstehenden zeigen will, dass er vollständig in Amsterdam angekommen ist, wird dann, wenn von der Stadt die Rede ist, beiläufig die Bezeichnung »*Mokum*« einflechten. Wenn der Außenstehende den Neu-Einheimischen ärgern will, erklärt er ebenso beiläufig, dass das aus dem Hebräischen stammende Wort eigentlich nichts anderes bedeutet als »Platz« oder »Stadt« und dass die Juden diese Bezeichnung einfach für Orte verwandten, denen sie sich besonders verbunden fühlten. Um die Orte auseinanderzuhalten, wurden sie durchnummeriert. Das war ein bisschen so wie bei den amerikanischen Checkpoints (Alpha, Bravo, Charlie ...) im Kalten Krieg. So war Amsterdam »*Mokum Aleph*«, Berlin »*Mokum Beis*« und Rotterdam »*Mokum Reis*«.

Amsterdam zieht Besucher aus aller Welt an. Wohin viele ausländische Touristen zuerst gehen, haben wir schon erwähnt, für die einheimischen sind die verkaufsoffenen Sonntage eine Attraktion, da ist es manches Mal auf der Kalverstraat so voll, dass man sich nur im Schritttempo vorwärts bewegen kann. Tausende Konsumgläubige wandeln in einer endlosen Prozession zu ihren Tempeln.

Hinter den Kulissen der Amüsierbetriebe ist Amsterdam einfach nur eine der großen Handelsmetropolen Europas. Überhaupt zeigt sich bei näherer Betrachtung, dass das Amüsement genau portioniert ist. Trotz dem in aller Welt bekannten Nachtleben. Amsterdam ist keine Stadt, die niemals schläft. Von Ausnahmen abgesehen, beginnt das Partyleben kurz vor dem Wochenende und ist am Montag vorbei. Hier und in anderen Punkten ist die weltweit bekannte Metropole verblüffend provinziell.

Aber Amsterdam steht ja nicht allein, sondern ist Teil einer ganzen Perlenschnur von Städten. Amsterdam ist Teil der sogenannten ***»Randstad«***, dem – bezogen auf das wirtschaftliche Gewicht und die Bevölkerungsdichte – holländischen Äquivalent zum Ruhrgebiet. Die Bezeichnung *»Randstad«* bedeutet genau das, was man vermutet: Stadt am Rand, Stadtrahmen. Die Bezeichnung wurde von Albert Plesman, dem Gründer der niederländischen Luftfahrtsgesellschaft KLM, geprägt. Er wollte damit die Städte beschreiben, die sich um das grüne Herz des Landes schmiegen. Aus der Vogelperspektive ähnelt die *Randstad* einem zur Nordsee offenen Hufeisen, welches sich um das grüne Herz der Niederlande schmiegt. Nach London und Paris ist die *Randstad* die drittgrößte Agglomeration in Europa. Zum Verbund gehören Amsterdam, Rotterdam, Den Haag und Utrecht. Aber auch kleinere Orte, die zwischen dreißig- und achtzigtausend Einwohner haben. Städtchen dieser Größe scheinen der Lebensraum zu sein, in dem der Holländer am besten gedeiht. Es gibt im Land unzählige von dieser Größe. Das Ambiente ist dort unzweifelhaft städtisch, die Atmosphäre aber schnell ländlich und vor allem: Die wahre Stärke und Macht wird wirkungsvoll kaschiert. Holland gehört zu den wenigen Ländern dieser Erde, in denen viel Energie darauf verwendet wird, weniger zu scheinen als man ist.

Im Süden geht Amsterdam in Amstelveen über, was aber im Wesentlichen eine Schlafstadt ist, wenn man die Ruhe zum Schlafen findet, denn die Stadt wird durchschnitten von Autobahnen und liegt in unmittelbarer Nachbarschaft zum Flughafen Schiphol.

Spuren des Industriezeitalters sind in der Stadt kaum noch zu entdecken. Etwas anders sieht es in diesem Punkt bei der nördlichen Vorstadt in **Zaandam** aus. Als Holland vor Jahrhunderten zur Weltmacht aufstieg, häuften sich hier Windmühlen über Windmühlen; vermutlich waren die Mitbürger darüber genauso begeistert wie unsere Zeitgenossen heute über Windräder. Später siedelte sich dann Industrie an, einige Schokoladenfabriken gibt es sogar noch heute. Allerdings sollte man misstrauisch werden, wenn zu den größten Attraktionen eines Ortes gehört, dass dort die erste europäische McDonald's Filiale eröffnet wurde. Für Touristen gibt es die *Zaansche Schans* (Schansend 1, www.dezaanseschans.nl), dem Namen nach eine Befestigungsanlage, die von irgendeinem Fürsten anlässlich irgendeines Konfliktes aufgeschüttet wurde, de facto eine Art holländisches Disneyland mit typischen Häusern, Geschäften und Produkten. Alljährlich kommen fast eine Million Menschen, um sich das anzusehen. Man kann sich das auch antun, aber man verpasst auch nichts, wenn man sich für andere Zielorte entscheidet.

Ebenfalls im Norden von Amsterdam liegt die Region Waterland, die genau hält, was ihr Name verspricht. Eine grüne, von Kanälen und Wasserarmen durchzogene Gegend, die sich gut zum Radfahren eignet. Alle Jahre wieder wird der Landstrich in einschlägigen Reisepublikationen als Geheimtipp empfohlen. Der Tipp ist immer gut, aber die Frage stellt sich, ob er inzwischen tatsächlich noch geheim ist. Bekannteste Stadt von **Waterland** ist das Örtchen **Volendam**, dessen Name verständlich wird, wenn man weiß, dass es im Wappen einen Pferdekopf (Fohlen, *veulen*) führt. Volendam war lange Zeit eine katholische Insel inmitten eines protestantisch-calvinistischen Meeres. In Holland bedeutete katholisch sein früher vielfach die spannende Kombination: Armut und Randgruppe. Da Katholiken in der Regel (keine Doppeldeutigkeit beabsichtigt) mehr Kinder als ihre protestantischen Nachbarn hatten, gelang es ihnen auch selten, aus dem Kreislauf der Armut auszubrechen. Um den Volendammern zu zeigen, wer im Lande das Sagen hat, wurde ihnen eine protestantische Kirche vor die Nase geknallt. Das Schicksal der Katholiken war sicherlich nicht so hart wie beispielsweise das ihrer Glaubensgenossen in Irland und in der Ära Cromwell, aber die Befürchtung, dass der Erzfeind Spanien die Papisten als fünfte Kolonne benutzen könnte, kam immer wieder auf. Auch heute lassen sich noch die feinen Linien erkennen, welche die Gesellschaft einst in parallel nebeneinander existierende Parzellen aufteilte.

Der Besucher spürt davon nichts. Für ihn ist Volendam ein typisch holländisches Dorf, was auch daran liegt, dass hier die Trachten gepflegt werden, die spätestens seit der Käsewerbung mit Frau Antje als typisch holländisch gelten. Die Einheimischen könnten die Touristen nun darüber aufklären, dass die Bezeichnung »typisch holländisch« Quatsch ist, jede Region hat ihre eigenen Gebräuche und Moden, die alle durch eine spezielle Geschichte geprägt wurden, aber stattdessen lässt man den Gast einfach in seinem Glauben und bietet ihm die Möglichkeit, sich in der Tracht fotografieren zu lassen (Foto de Boer, Haven 82, www.fotoinvolendamkostuum.nl).

Um die Jahrtausendwende wurde Volendam von einer Katastrophe erschüttert, die zusammen mit der Explosion in Enschede und dem Mord an dem Politiker Pim Fortuyn versinnbildlichte, dass die glückliche zweite Hälfte des zwanzigsten Jahrhunderts zu Ende ging und die Zukunft viele Unwägbarkeiten bereithalten würde. Der Anlass war so banal wie folgenschwer.

Im *Café De Hemel* fand Silvester 2000, wie an vielen anderen Orten auch, eine große Feier statt. Der Laden war von den Festtagen noch mit der Weihnachtsdekoration geschmückt, und als das trockene Tannengrün Feuer fing, entwickelte sich schnell ein Großbrand. Da im Café – wie oft in Holland – vieles steil und verwinkelt war, wurde der Gastraum zur Falle. Vierzehn Menschen kamen in den Flammen ums Leben, beinahe zweihundert wurden verletzt. Die Anzahl der Verwundeten war so groß, dass die Krankenhäuser der Umgebung sie nicht aufnehmen konnten. Die Verletzten mussten bis nach Belgien transportiert werden, bevor sie versorgt werden konnten.

Im Nachhinein ging durch die Medien ein Aufschrei. Es gab beeindruckende Demonstrationen von Anteilnahme und Mitgefühl. Trauernden wurde viel Raum und Zeit gegeben, über ihre Verluste und seelischen Verwundungen zu sprechen. Der Schock saß tief, auch heute noch ist es schwierig, mit Anwohnern über das damalige Horror-Ereignis zu sprechen. In der Folge mussten auch einige Politiker ihren Stuhl räumen – andere sichtbare Konsequenzen gab es allerdings nicht.

Dank der architektonischen Struktur vieler Bauten, gleichen in Holland diverse Fluchtwege einem Hindernisparcours. Wäre es nicht vernünftig, zumindest bei den Notausgängen für eine einheitliche Regelung zu sorgen, sodass zum Beispiel alle Türen nach außen aufgehen? An dieser Stelle scheint kein Bedarf zu bestehen. Wer den

Versuch machte, eine solche Regelungen einzuführen, würde womöglich als pingeliger Preuße verlacht. Vielleicht würde es helfen, daran zu erinnern, dass es in den Vereinigten Staaten – immerhin dem Land von Nieuw Amsterdam und Peter Stuyvesant – eine solche Regelung längst gibt. Da viele Holländer sich spätestens seit der Befreiung im Zweiten Weltkrieg den USA sehr verbunden fühlen ... man kann ein Vorbild auch einfach mal kopieren.

Auch im ersten Jahrzehnt des neuen Jahrtausends tauchte Volendam weiter in den Schlagzeilen auf. Messungen im Abwasser hatten ergeben, dass hier die Konzentration von Kokain und Ecstasy so groß war, wie nirgendwo sonst in Europa. Die Nachricht löste neben Schmunzeln und Verwunderung auch Kopfschütteln aus, denn im Gegensatz zu einem weit verbreiteten Vorurteil sind die härteren Suchtmittel auch in Holland verboten.

Es gibt allerdings Gegenden um die Hauptstadt, in denen man eher eine höhere Konzentration von Restsubstanzen erwartet hätte. Zu ihnen gehört das ***Het Gooi***, ein Landstrich, der sich zu einer Villengegend gemausert hat, die man durchfährt, wenn man sich aus Richtung Osten Amsterdam nähert. Vor Jahren gab es eine von Linda de Mol produzierte TV-Serie, die hier spielte. Im Prinzip war es der Versuch, das Konzept der Serie *Desperate Housewives* auf holländische Verhältnisse zu übertragen. Die Serie war gespickt mit Anspielungen auf das Leben der blondierten Tussis, die nur nach Amsterdam fahren, um in der *PC Hooftstraat* zu shoppen und sich sehen zu lassen. Ob die Serie auch außerhalb der Landesgrenzen funktionierte, konnten ZDF-Zuschauer beurteilen, denn dort wurde die Show ausgestrahlt.

Die Orte tragen hier lateinisch klingende Bezeichnungen wie *Blaricum* oder *Bussum*. Das klingt zwar lustig und erinnert an die Namen der Kastelle, mit denen die Römer das unbeugsame Dorf der Gallier umstellt hatten, doch man darf sich durch den lieblichen Klang nicht täuschen lassen. **Bussum** gehört zu den Orten des Schreckens, die wir niemals vergessen dürfen.

Hier begann am 2. Oktober 1951 das holländische Fernsehen mit seinem Betrieb. Damit war man – wenn man die Testsendungen während der Olympischen Spiele 1936 außer Acht lässt – ein Jahr schneller als im damals noch geteilten Deutschland. Wie es sich für ein lockeres und informelles Land gehörte, begann der Sendebetrieb mit einem Grußwort aus dem Munde von Meneer J. Cals, seines Zeichens Staatssekretär im Ministerium für Bildung, Kultur und Wissenschaft. Die Journalistin Jeanne Roos durfte dann als erste Sprecherin das Theaterstück *Der Zauberspiegel* ankündigen. Daraufhin kam es zu einer Panne und Frau Roos bekam vom Schicksal noch eine weitere Premiere geschenkt: Sie durfte sich für die erste Bildstörung im holländischen Fernsehen entschuldigen.

Als erstes TV-Studio fungierte eine umgebaute Kirche. In Bussum wurde noch bis in die Neunzigerjahre des letzten Jahrhunderts Fernsehen gemacht, bis dann auch der letzte Betrieb ins nahegelegene Hilversum umzog. **Hilversum** war schon länger der Rundfunkstandort des Landes gewesen. Von hier aus wurden amerikanische Formatradio-Konzepte auf den alten Kontinent angepasst und auf den Rest Europas losgelassen. Doch auch das private Fernsehen machte hier seinen Anfang – wer zu Shows wie

Big Brother oder Seifenopern wie *Gute Zeiten, schlechte Zeiten* ein ambivalentes Verhältnis hat, sollte diesen Ort aufsuchen (nähere Informationen in den Tipps). Vielleicht gelingt es dem Besucher, durch Konfrontation mit dem Genus loci seine Dämonen zu besiegen.

Exkurs: TV

Das holländische Fernsehen ist eine Geschichte für sich. Dem Besucher fällt die Vielzahl der Sender ins Auge, wenn er auch bald feststellt, dass die Vielfalt nicht so groß ist, wie es scheint, weil sich oft mehrere Sender eine Frequenz – oder einen Platz auf der Fernbedienung – teilen. Das hat seinen Grund in der sogenannten *Verzuiling*, was wörtlich mit »Versäulung« übersetzt werden kann, allerdings weiß man auch dann noch nicht wirklich, was damit gemeint ist. Im Prinzip wird damit ein Ständestaat beschrieben, wo jede Religion, Gewerkschaft und Partei ihre eigene Parzelle im öffentlichen Leben hat, innerhalb derer Grenzen sie schalten und walten kann, wie sie will. Viele Sender haben auch eine eigene Fernsehzeitung. Wer aus welcher Ecke kommt, lässt sich meistens nachvollziehen, wenn man die Abkürzungen der Sender entschlüsselt. *VARA* steht zum Beispiel für *»Vereniging Arbeiders Radio Amateurs«*. Ein anderer Grund für die »Vielfalt« besteht darin, dass es gefühlt mindestens ein Dutzend Sender gibt, die RTL heißen.

Holländische Eigenproduktionen bestehen in der Regel aus Nachrichten, Reportagen, Spiel- und Reality-Shows. Die wenigen eigenen Serien werden patriotisch pflichtbewusst geliebt. Für Außenstehende ist diese Zuneigung nicht immer nachvollziehbar. Da die deutschen öffentlich-rechtlichen Programme in vielen Orten auch im Kabelfernsehen eingespeist sind, ist zumindest das Grundangebot der deutschen Sender vertraut. Es gehört in Holland zum guten Ton, sich über die Angewohnheit der Deutschen, ausländische Filme zu synchronisieren, zu echauffieren. Obwohl also das deutsche Programm im Original empfangbar ist, werden auch immer wieder deutsche Serien eingekauft. Modernere Sachen wie *Cobra 11 – Die Autobahnpolizei*. Aber eben auch *Derrick*. Die Serie galt als äußerst beliebt – wenn man nachfragt, versteht man auch warum. *Derrick* wurde zuerst am Nachmittag ausgestrahlt, als die anderen holländischen Sender noch Sendepause hatten (auch heute gibt es nachts auf manchen Sendern noch ein Testbild oder Tafeln mit Videotext), also galten Tappert und Wepper mit ihrem bedächtig-gründlichen Nachfragen als cool und exotisch. Im Hauptabendprogramm hätte der Grünwald-Krimi vermutlich keine Chance gehabt.

Neben *Big Brother* ist wohl die andere große Errungenschaft, welche die deutsche Fernsehlandschaft verändert hat, die Seifenoper *Gute Zeiten, schlechte Zeiten*. Dieses Format stammt ursprünglich aus Australien, aber es zeigte sich schnell, dass die Serie nicht funktionierte, wenn man einfach nur die Original-Drehbücher übersetzte. In Holland gelang Anfang der Neunzigerjahre die erste erfolgreiche europäische Adaption. Unter dem Titel *Goede Tijden, slechte Tijden* lief die Serie im Hauptabendprogramm ein ganzes Jahr erfolgreich, bis man wiederum nach einigen Kinderkrankheiten eine weitere Adaption auf den weit größeren deutschen Markt wagte. Bei dieser Expansion war federführend ein TV-Produzent beteiligt, dessen Eltern 1968 aus der Tschechoslowakei in die Niederlande emigriert waren. Ob die beiden Länder sich bei ihrer ehemaligen Besatzungsmacht rächen oder sie mit einer Segnung beglücken wollten, mag der Betrachter selbst entscheiden.

Haarlem und Umgebung

Auf der halben Strecke zwischen Amsterdam und der Nordsee liegt **Haarlem**, die einzig wahre und wirkliche Hauptstadt der Provinz. Von Besuchern des Landes wird die Stadt häufig übersehen, was schade ist – nicht wenigen Einwohnern jedoch ganz recht. Haarlem war in der ersten Hälfte des letzten Jahrhunderts eine wichtige Industriestadt, danach schrumpfte die Einwohnerzahl. Erst in letzter Zeit hat sie sich wieder um die Einhundertfünfzigtausend eingepegelt. Was vor allem damit zu tun hat, dass viele Amsterdamer den Trubel ihrer Heimatstadt (also letztlich

Leute wie wir, die nicht aufhören, die Stadt zu besuchen) leid waren und mehr Ruhe haben wollten.

Haarlem ist ungefähr genauso alt wie Amsterdam und hat fast genauso viel Geschichte zu bieten. Es gibt ruhmreiche Momente – Mozart spielte hier einst auf der Orgel, und zwischen Haarlem und Amsterdam wurde 1836 die erste holländische Eisenbahnlinie eröffnet. Hier war Deutschland – im Unterschied zur Einführung des Fernsehens – ein Jahr schneller (1835 von Nürnberg nach Fürth), woraus man kühn schließen könnte, dass den Deutschen Mobilität schon früher eine Spur wichtiger war als den Holländern das Showbusiness.

Der Name *Amsterdam* erklärt sich auch heute noch einfach, er bezeichnete eben den Damm über den Fluss Amstel. Was Haarlem einst bedeutete, weiß man hingegen nicht mehr.

Der Rembrandt von Haarlem heißt Frans Hals, und in der Zeit als Peter Stuyvesant in der neuen Welt Nieuw Amsterdam gründete, legte er den Grundstein für Nieuw Haarlem – damals noch eine eigenständige Stadt. Allerdings ging die Siedlung schon nach sechs Jahren an die Engländer verloren. Die strichen aus dem Namen das zweite »A«. Heute ist Harlem vor allem als ehemaliges Ghetto New Yorks bekannt.

Haarlem ist keine weiße Oberschichten-Stadt, obwohl hier neben Fußball vor allem auch Hockey gespielt wird, was in Holland immer ein guter Indikator dafür ist, dass es sich hier Vertreter der besseren Kreisen gutgehen lassen. Außerdem gilt der Ort als Shoppingmeile. Wer also tatsächlich zum Einkaufen in die Gegend fährt, sollte es lieber hier versuchen, als an der weiter vorn geschilderten Quetschprozession auf der Amsterdamer Kalverstraat teilzunehmen.

Ähnlich wie man von Hannover behauptet, dass dort das reinste Hochdeutsch gesprochen wird, sagt man den Haarlemern die deutlichste Aussprache des Niederländischen nach. Allerdings muss man ein ziemlich feines Gehör entwickeln, um all die Unterschiede der Aussprache wahrzunehmen. Für den Anfang kann man schon stolz sein, wenn man merkt, dass ein Flame aus Belgien anders als sein nördlicher Nachbar klingt. Grundsätzlich ist es aber verblüffend, wie viele unterschiedliche Dialekte in dieses kleine Land passen. Und keiner hört die Nuancen so gut heraus wie die Taxifahrer, die sich selten eine Gelegenheit entgehen lassen, einem Ortsunkundigen für einen kleinen Aufschlag noch ein paar weitere Straßen ihrer Heimatstadt zu zeigen. Ein Ausländer ist an dieser Stelle natürlich ein gefundenes Fressen.

Ich kann mich an einen Taxifahrer erinnern – vor Jahren, als mein Akzent noch viel fürchterlicher war als heute –, der immer auf den Straßenbahnschienen im wilden Zickzack durch dieselben Straßen des Viertels fuhr, bis ich ihm klarmachen konnte, dass selbst Ausländer nicht so bescheuert sind, dass sie nicht merken würden, was da abläuft. Hätte ich Deutsch gesprochen, hätte er mich wahrscheinlich ohne Vorankündigung nach Belgien chauffiert. Fairerweise muss man aber sagen, dass die Taxifahrer keine Unterschiede in Sachen Rang, Geschlecht oder Rasse machen. Sie benachteiligen so gut wie jeden. Und wenn sie sich mal wieder geweigert haben, einen Blinden oder Behinderten mitzunehmen (weil sie Angst vor dem Hund hatten oder ihnen der Rollstuhl zu klobig war), dann bekommen sie auch schlechte Presse und geloben Besserung. Bis zum nächsten Eklat.

Die deutsche Partnerstadt von Haarlem ist Osnabrück, was eine sinnvolle Verbindung ist, denn schließlich wurde in dieser Stadt 1648 der Westfälische Frieden geschlossen. In der Folge scherte Holland aus dem Verbund des Heiligen Römischen Reiches deutscher Nation aus und begann seinen Höhenflug. Ein paar Jahrzehnte später war Holland Weltmacht und spielte in einer Liga mit England und Frankreich, während Deutschland in Kleinstaaterei verfiel und sich untereinander beharkte und gegenseitig lähmte. Was der Preis für den Austritt war, ist mir nicht bekannt, ich vermute, es könnte der Ausschluss aus der sogenannten zweiten Lautverschiebung gewesen sein. So sagen wir heute »Kopf«, während die Holländer immer noch wie im Platt- und Norddeutschen »kop« sagen; auch bei »Haupt« und »hoofd« wird der Unterschied deutlich. Vielleicht rührt daher auch die Schwäche beim Elfmeterschießen ... Aber das ist nur so eine Theorie.

Was das immer mal wieder auftauchende deutschlandkritische Grundgrummeln betrifft – Haarlem hat zu den üblichen Gründen noch einen weiteren, Deutschland gegenüber skeptisch zu sein. Denn während in Deutschland Johann Gutenberg als Erfinder des Buchdrucks gefeiert wird, spricht man in Haarlem diese Ehre Laurens Janszoon Coster zu. Es gibt sogar Denkmäler, die Coster genau dafür preisen.

Die im neunzehnten Jahrhundert begonnene Eisenbahnlinie zwischen Haarlem und Amsterdam wurde bald bis zur Küste nach

Zandvoort verlängert. Und wer heute im Sommer mit dieser Bahn fährt, will natürlich an den Strand. Früher war Zandvoort ein mondänes Seebad, sogar die österreichische Kaiserin Sissi urlaubte hier. Aber das ist lange her. Aus dem Zweiten Weltkrieg gibt es immer noch einige Bunker, die als Teil des Atlantikwalls eine Invasion der Alliierten abhalten sollten. Wenn man mit Einheimischen über diese Zeit spricht, enthalten Anekdoten vor allem folgende Informationsfetzen: Zandvoort sei schon vor dem deutschen Einmarsch eine Hochburg der niederländischen Nazis vom NSB gewesen. Die *Nationaal-Socialistische Beweging* war 1931 von Anton Mussert gegründet worden, wurde aber zur Enttäuschung ihres Anführers von Hitler nach dem Einmarsch nur zu Hilfsdiensten herangezogen. Als die Organisation Todt im Zweiten Weltkrieg aus Furcht vor der Landung der Alliierten dann den Atlantikwall aufzog, durfte niemand mehr im Meer baden. Wenn man diese Geschichte hört, klingt da ein wenig Schadenfreude durch, etwa: »Da haben sie sich nun den Deutschen an den Hals geworfen und am Ende durften sie nicht mal an den Strand.«

Heute ist Zandvoort so etwas wie der Ballermann von Amsterdam. Es gibt über vierzig Strandpavillons, die alle versuchen, sich irgendwie von der Konkurrenz zu unterscheiden. (Es ist nicht üblich, sich einfach in den Sand zu legen und von der Sonne braten zu lassen. Die Pavillons kosten Eintritt, dafür bekommt man eine Liege und Umkleidekabinen.)

Außerdem gibt es noch die Rennstrecke, die früher mal Teil des Formel-Eins-Zirkus war, später fanden noch Rennen der deutschen Tourenwagen statt. Jetzt aber wohl nicht mehr. Vielleicht auch, weil Opel nicht mehr dabei ist. Denn Holland gehört zu jenen Ländern, in denen die Marke Opel als genauso deutsch geschätzt wird wie Audi, BMW oder Mercedes.

Nördlich von Zandvoort findet man an der Küste den Hafen **IJmuiden**, bei dem jeder Ausländer dankbar ist, wenn er ihn nicht aussprechen muss. Dabei ist das gar nicht so schwer. IJ klingt wie »ey!« im Unterschichtenfernsehen. Und »ui« entsteht, wenn die Lippen ein »au« formen und die Zunge gleichzeitig ein »eu«.

Als ich IJmuiden das erste Mal gesehen habe, war es Nacht und ich befand mich auf einem nicht allzu großen Segelboot mit Kurs aufs offene Meer. Außer mir waren noch ein paar Holländer an Bord, die den Törn alle von ihren Freunden und Familien geschenkt bekommen hatten. Ob sie sich über das Geschenk wirklich freuten, weiß ich nicht. Die meiste Zeit verbrachten sie unter Deck, und wenn sie dann mal an die frische Luft kamen, waren sie reichlich grün im Gesicht, beugten sich über die Reling und verschwanden schnell wieder in der Kajüte.

Hätte ich etwas mehr Muße gehabt, hätte ich die Ironie der Situation genießen können, dass ausgerechnet der Vertreter Landmacht Deutschland in dieser Situation zumindest seefester war als all die Nachfahren des großen Seefahrervolkes. Für derlei Muße blieb aber keine Zeit, auf dem Wasser vor IJmuiden herrscht viel Verkehr. Der Hafen IJmuidens – insgesamt aus vier Teilen bestehend – ist nicht so groß wie der von Rotterdam und nicht so berühmt wie der von Amsterdam, aber was den Schiffsverkehr betrifft, kommt er gleich danach. Und wenn es noch ziemlich dunkel ist, sieht jedes Frachtschiff, welches seine Ausmaße nur anhand der Positionslichter erahnen lässt, beeindruckend und bedrohlich aus. Neben den Frachtern, die unter anderem die Raffinerien und Hochöfen der Stadt versorgen, verkehrt von hier auch ein Fähre ins englische Newcastle – und wenn die ihre menschliche Fracht im Hafen entleert, ist das Schiff recht schnell leer, die anlandenden Briten hingegen ziemlich voll.

Wenn es heller wird, erkennt man, dass es eine gute Idee ist, an IJmuiden in der Nacht vorbeizufahren. Es gibt nicht vieles, was an diesem Industriestandort sehenswert ist, daher führte uns unser Kurs weiter nach Norden, vorbei an Bergen, wo das Badeleben nicht ganz so prollig wie in Zandvoort ist. Auf der anderen Seite der Halbinsel liegt eine Stadt, die jedem Kreuzworträtselfreund vertraut sein dürfte, denn das Städtchen **Hoorn** ist genau das, was man vermutet: der Namenspate für das legendäre, sturmumtoste Kap an der Südspitze von Lateinamerika. Wir fuhren aber weiter in der Nordsee nach Norden, bis wir in Texel angekommen waren.

Wenn man nicht sowieso schon mit einem Boot unterwegs ist, kann man die Insel Texel mit einer Fähre von Den Helder erreichen. Die Fahrt in eine Richtung ist umsonst – ich habe leider vergessen, in welche. Solle die Insel möglichst viele Touristen anlocken, wäre es logisch, die Überfahrt zur Insel gratis anzubieten – es kann aber auch genauso umgekehrt sein, nageln Sie mich bitte nicht fest.

Texel wird von einigen wie »Tecksel« ausgesprochen, andere sagen »Tessel«. Da selbst die Einheimischen – die sogenannten »Tesselaars« – sich in dieser Frage nicht einig sind, kann das letztlich jeder so halten wie er will.

Texel wurde schon seit Jahrhunderten besiedelt, allerdings können die ersten Einwohner unmöglich Holländer gewesen sein, denn sie waren zu dumm zum Deichbau, weswegen sich die ersten Ansiedlungen weit oberhalb auf der Insel befanden. Zu Denkwürdigkeiten auf Texel gehört auch ein georgischer Friedhof namens Loladze. Seine Entstehung hat – man ist versucht zu sagen: natürlich – mit dem Zweiten Weltkrieg zu tun, wenn sich auch die Einzelheiten nicht alle in das übliche Raster einpassen lassen.

Was das Kriegsgeschehen im Zweiten Weltkrieg betraf, hatte Texel bis in das Jahr 1945 Glück. Auf der Insel war nur ein deutsches Funkmessgerät – ein paar Jahre später würde alle Welt »Radar« dazu sagen – mit vierhundert Mann Besatzung stationiert. Den Deutschen wurde ein Bataillon zur Seite gestellt, welches sich aus ehemaligen georgischen Kriegsgefangenen rekrutierte. Die Georgier waren während des Russlandfeldzugs in deutsche Gefangenschaft geraten. Ob sie ihren Vernehmern erzählten, dass man als Georgier im Völkergefängnis Sowjetunion keinerlei Aufstiegschancen hat, ihr Landsmann Dschugaschwili in Moskau tatsächlich bei der Post arbeitete und sie von Haus aus dem Regime kritisch gegenüber standen, weiß man nicht – auf jeden Fall konnten sie die Deutschen von ihrer Russland-Phobie überzeugen und wurden als Hilfstruppen in die Wehrmacht übernommen. Die Georgier trugen nun Wehrmachtsuniformen mit einem Ärmelstreifen »Georgien«; bevor sie im Januar 1945 auf Texel stationiert wurden, waren sie in Frankreich eingesetzt worden und dort – wie in den Niederlanden – Teil der Besatzungsmacht.

Auf Texel hatte sich inzwischen die Stimmung unter den Niederländern deutlich verschlechtert. Einige hundert Männer wurden zur Zwangsarbeit eingezogen, um bei Assen an der Ostgrenze Hollands Panzergräben auszuschachten. Zwar kehrten sie im März 1945 wieder nach Texel zurück, aber die Furcht, noch kurz vor Ende des Krieges in den Abgrund gezogen zu werden, wuchs. Ob den georgischen Wehrmachtsangehörigen inzwischen dämmerte, dass ihre Behauptung, als Georgier wäre man in der Sowjetunion chancenlos, bei ihrem Landsmann Dschugaschwili – der unter dem Künstlernamen Stalin trotz seiner Herkunft Karriere in der KPdSU gemacht hatte –, wenig Eindruck machen würde, ist nicht bekannt; auf jeden Fall beschlossen sie kurz vor Kriegsende, erneut die Seiten zu wechseln. In der Nacht zum 6. April schlachteten sie – geführt von ihrem Anführer Loladze – die am Funkmess-Gerät stationierten vierhundert Deutschen ab. Die Wehrmacht war aber auch einen Monat vor Kriegsende noch in der Lage, Verstärkungen zu schicken. In der Folge wurden hunderte Georgier getötet, ebenso Holländer, die auf der Insel lebten. Im Zuge der durch den Hinterhalt ausgelösten Kämpfe wurde das Eiland so verwüstet, dass man heute vom *Russenkrieg auf Texel* spricht. Erst als kanadische Truppen am 20. Mai 1945 das Eiland besetzten, fanden die Kampfhandlungen ein Ende. Auf dem Rest des Kontinents herrschte schon seit zwei Wochen Frieden.

Die rund zweihundert überlebenden Georgier kehrten bald darauf in die Sowjetunion zurück. Was aus ihnen wurde, ist nicht bei allen bekannt, Stalins Langmut gegenüber Kriegsgefangenen war nicht allzu groß, ganz zu schweigen von Deserteuren. Aber als vor einigen Jahren ein holländisches Fernsehteam die Ereignisse vom Frühling 1945 rekonstruierte, kehrten zumindest einige Überlebende an den Schauplatz ihres Aufstandes zurück. Das Ehrenmal, wo die georgischen Frontenwechsler begraben sind, wurde von Georgien gestiftet. Ihm stattete 2005 der georgische Präsident Michail Saakaschwili, der mit der Holländerin Sandra Roelofs verheiratet ist, einen Besuch ab. In Noord-Holland herrschte zu diesem Zeitpunkt – wie im Rest des Landes – seit fünfzig Jahren Frieden. In der Heimat des Präsidenten sollten kriegerische Konflikte hingegen nur zu bald wieder aufbrechen.

Tipps Noord-Holland

Was Amsterdam betrifft, gibt es Reiseführer und Informationen wie Sand am Meer. Unter anderem auch vom Verfasser dieser Zeilen. Deshalb hier nur ein paar Bemerkungen über die Stadt.

Wie sich anhand der vielen Baustellen unschwer erkennen lässt, versucht Amsterdam seine Innenstadt neu zu definieren. Vom Hauptbahnhof wird eine neue U-Bahnlinie in Richtung Süden angelegt, mit der der innerstädtische Verkehr auf den Straßen darüber entlastet werden soll. Die ersten U-Bahnen sollen 2017 fahren, bis dahin wird es noch jede Menge Lärm, Ärger und Einschränkungen geben. Im Zuge des U-Bahnbaus werden sich auch die Straßen darüber ändern. Wenn alles klappt, sind dann die Straßen, welche vom Bahnhof in Richtung *Weteringscircuit* führen, wie ein roter Teppich, der die Besucher direkt ins Herz der Stadt führt (und vielleicht weniger nach links ins Rotlichtviertel abschwenken lässt).

Grundsätzlich ist es immer eine gute Idee, von den herkömmlichen Touristenrouten abzuweichen. Wer nur wenig Zeit hat, sollte einfach mal den Hauptbahnhof (*Centraal Station*) bei der Ankunft nicht in Richtung Süden verlassen, sondern den **Norden** besuchen. Über das *IJ* fahren mehrere Fähren, sie sind alle kostenlos und bis spät in den Abend in Betrieb. Wer sich über den Grachtengürtel in Richtung Süden hinauswagt, wird mit schönen Ecken wie der **Rivierenbuurt** belohnt, wo die Stadt an lauen Sommerabenden eine beinahe mediterrane Gelassenheit ausstrahlt und man wenig von dem Trubel und Gewusel des Zentrums spürt.

Durchaus zu empfehlen wäre auch eine Stippvisite der Problemviertel **Nieuw West** oder **Bijlmer** – und sei es nur, um einen Eindruck zu bekommen, wie »die andere Hälfte« lebt. Trotz der manchmal hysterischen Berichterstattung, kann man sich hier sehr wohl bewegen und interessante Entdeckungen machen.

Die Nachtwache von Rembrandt kennt so gut wie jeder, aber im **Amsterdam Museum** gibt es eine ganze Schützengalerie (Kalverstraat 92, www.amsterdammuseum.nl). An den Wänden des Ganges hängen Bilder von Schützengilden aus den verschiedenen Jahrhunderten, die nicht so berühmt wie das Rembrandt, vielleicht auch nicht so gut, aber auf jeden Fall immer noch sehenswert sind.

Kommen wir ins Umland. In Sachen Design gibt es in Holland fast so viele interessante Adressen wie in Sachen Malerei. Zu ihnen gehört das Design-Zentrum **Het Arsenaal** (Kootjesbuurt 1, www.hetarsenaal.nl) im nahegelegenen Naarden. Betreiber ist Jan des Bouvrie, der in seinen Räumen Stücke präsentiert, die recht häufig dem Geschmack seines Gooi'schen Publikums entsprechen. Ein bisschen neureich, aber nicht uninteressant.

Im Medienpark von Hilversum gibt es **De Experience**, ein großes interaktives Museum **Beeld en Geluid** (Mediaparkboulevard 1, www.beeldengeluid.nl), wo man einen guten Einblick in die niederländische Mediengeschichte erhält.

Die **Zuidtangente** (Südtangente) ist eine Busroute, die Haarlem mit Amsterdam verbindet. Eine Fahrt mit der Line 300 von der Amsterdam ArenA nach Haarlem gibt einen guten Einblick in Landschaft und Umland.

Auf Anzeichen, wie eng das Leben in Holland mit dem Wasser verbunden ist, stößt man natürlich immer wieder. Das **Cruquius** (am Cruqiusdijk 27 in Cruquius) ist heute ein Museum. Früher war es ein Pumpwerk, mit dessen Hilfe das Haarlemmermeer trockengelegt wurde.

Zu den witzigeren Vergnügungsbauten im Seebad gehört der **Circus Zandvoort**. Hier kann man sich auch amüsieren, wenn das Wetter nicht gut genug für den Strand ist.

Und wer selbst in Holland nicht auf Berge verzichten kann, dem sei der **Tafelberg** im Gooi empfohlen. Diese Landmarke hat zwar mit ihrem südafrikanischen Pendant nur den Namen gemeinsam, aber es handelt sich immerhin um eine Erhebung von mindestens *acht* Metern.

Exkurs: Sex

In den Sechzigerjahren machte sich – damals noch Prinzessin – Beatrix in Begleitung eines Majors der Heilsarmee inkognito auf eine Fact-Finding-Tour durch »das Viertel«. Nun ahnt man, wie inkognito eine solche Rundreise ablaufen kann, vermutlich genau so verstohlen wie der Besuch von Kleopatra ablief, als Asterix und Obelix bei den Pyramiden an einen neuen Palast hämmerten. Die Botschaft aber war unübersehbar: Wir Niederländer sind nicht verklemmt, wir genießen das Leben in all seinen Facetten und schämen uns nicht.

Auch medial war beim Ansehen der Niederlande die Erotik nie weit weg. *Türkische Früchte*, bis heute der erfolgreichste niederländische Film aller Zeiten (über drei Millionen Besucher, auf deutsche Verhältnisse umgerechnet wären das sechzehn Millionen) zeigte über weite Strecken, wie Rutger Hauer mit seiner Partnerin nackt durch die Betten turnte.

Der Streifen startete die Weltkarriere des Schauspielers. Dass der blonde und hochgewachsene Hauer in Hollywood oft SS-Männer spielen musste, ärgerte ihn, aber auch Paul Verhoeven, der Regisseur des Früchtchen-Films, hatte in Amerika Grund sich zu grämen. Mittlerweile ist er wieder zurück in seiner Heimat und erzählt jedem, der es hören will – das sind immer noch ziemlich viele –, dass er damals tatsächlich so töricht war, das Angebot, bei *Das Schweigen der Lämmer* Regie zu führen, auszuschlagen.

Die schier unendlichen Folgen: die Soft-Erotik-Filmreihe *Emmanuelle* mit der Holländerin Sylvia Kristel prägten – so harmlos sie heute scheinen mögen – die feuchten Träume einer ganzen Generation. Und wenn es um Grenzüberschreitungen geht: Die niederländische Schauspielerin Maruschka Detmers war die erste und wohl auch einzige Mainstream-Darstellerin, die sich für einen Film zu einer Fellatio-Szene überreden ließ. Ihrer Karriere half diese mutige Entscheidung übrigens nicht wirklich, und es ist nicht ohne Ironie, dass den Namen ihres Partners, der in der Szene – nun ja – seinen Mann stehen musste, heute keiner mehr kennt.

Die Geschichte der Prostitution in Amsterdam reicht über Jahrhunderte. Sie scheint untrennbar mit der Geschichte der altehrwürdigen Handels- und Hafenstadt verbunden zu sein. Doch daraus abzuleiten, Amsterdam wäre schon immer eine Art *Free-for-all* gewesen, ist falsch. Perioden großer Freizügigkeit wechselten sich ab mit Phasen prüder Verklemmtheit.

Die erste Stadtverordnung zum Thema »Prostitution« stammte aus dem frühen fünfzehnten Jahrhundert. Amsterdam war damals gerade auf dem Sprung von einem Heringsfischerdorf zur Handelsstadt, und Historiker sehen in dieser Verordnung den ersten Beweis, dass Prostitution von den Stadtvätern als Berufszweig anerkannt wurde. Die Verordnung beschränkte die Hurerei auf bestimmte Viertel.

Als 1578 Amsterdam geschlossen dem Katholizismus abschwor, verboten die Oberhäupter gleichzeitig den städtischen Beamten, in Hurenhäuser zu gehen. Das war, im Gegensatz zur vorher herrschenden Heuchelei, ein moralisch beeindruckender Schritt, allerdings kam er die Stadtkasse teuer zu stehen. Denn damit die Beamten weiter im Dienst blieben, mussten ihre Bezüge kräftig erhöht werden. Bis zum Jahre 1809 blieb die Prostitution hier wie in ganz Holland verboten, wurde dann aber – hier wie in ganz Holland – geduldet.

Als die Franzosen unter Napoleon das Land besetzten, wurde die Prostitution legalisiert, gleichzeitig wurde die Registrierung der sexuellen Dienstleisterinnen und ein Lizenzierungsverfahren für Bordelle eingeführt. Als die französischen Truppen wieder abziehen mussten, beließ man es bei der Legalisierung.

Später im neunzehnten Jahrhundert schlug das Pendel wieder in die andere Richtung aus. Über Jahrzehnte wuchs die Kritik und der Widerstand gegen die Prostitution und ihre Begleiterscheinung – im Jahre 1897 schließlich konnten die Gegner einen großen Erfolg erringen. In den Städten wurde der Betrieb von Bordellen verboten. Dieses Verbot wurde 1902 noch verschärft, 1911 wurde jeder mit Strafe bedroht, der »gewerbsmäßige Unzucht« ermöglichte oder gar förderte.

Fast bis zum Ende des zwanzigsten Jahrhunderts blieb der Bordellbetrieb verboten, auch wurde Zuhälterei geahndet, die eigentliche Prostitution blieb jedoch von der Kriminalisierung ausgenommen. Dass Amsterdam trotz dieser Einschränkungen weltweit einen Ruf als Sex-Metropole erhielt, hat mit jenem Zauberwort namens *»gedogen«* zu tun. Sinngemäß übersetzt bedeutet es »geduldet, toleriert«. Meist bezeichnet es Umstände, die man nicht gutheißt, deren Beseitigung aber verheerend aufwändiger wäre als die Duldung. Meist kommen die Impulse für derartige Haltungen aus den Kreisen der Leute, die dafür sorgen sollen, dass Recht und Ordnung aufrechterhalten bleiben.

Was für die Reeperbahn in Hamburg die Davidswache ist, war das *Bureau (Revier) Warmoesstraat* in Amsterdam. Hier taten Polizisten Dienst, die sich um das nahegelegene Rotlichtviertel kümmern sollten. Die Reviervorsteher blieben oft lange im Amt und wurden lokale Berühmtheiten. Nach ihrer Pensionierung schrieben einige von ihnen ihre Lebenserinnerungen nieder, die nicht selten zu Bestsellern wurden. Auch, weil in ihnen die verschiedensten Erscheinungsformen der Prostitution geschildert wurden. Ein ehemaliger Kommissar verglich den Kampf mit dem Versuch, einen Fußboden aufzuwischen, während gleichzeitig immer neues Wasser aus dem Hahn läuft. Dieser Vergleich wurde seitdem von nahezu jedem holländischen Politiker mindestens einmal in seiner Laufbahn verwandt, um ein

Problem zu beschreiben, welches seiner Meinung nach mit den herkömmlichen Methoden nicht zu lösen war.

Welche Formen der Prostitution vorherrschten, korrespondierte in der Regel mit der wirtschaftlichen Lage. Ein ausgebreiteter Straßenstrich (*Tippelzone*) deutete auf Krisenzeiten, wurde das Geschäft überwiegend in Etablissement oder vom Fenster aus betrieben, ließ das auf bessere Zeiten schließen.

Diejenigen, die mit den Gegebenheiten des Gewerbes vertraut waren, wiesen immer wieder darauf hin, dass die Kriminalisierung die Gefahr für die Gesellschaft nicht eindämmte, sondern vergrößerte. Geschlechtskrankheiten und andere Epidemien verbreiteten sich sprunghaft – auch, weil der Gebrauch von Kondomen über lange Zeit aus den verschiedensten Gründen nicht gutgeheißen wurde –, die zwielichtigen und rechtsfreien Räume, in denen sich die Prostitution abspielte, führten dazu, dass das Machtvakuum von anderen Interessenten gefüllt wurde. Das Ergebnis waren Menschenhandel und Zwangsprostitution.

Um diese Zustände zu verbessern und auch, weil sich Betreiber der Etablissements zusammenschlossen und politische Lobbyarbeit betrieben, wurden die Einschränkungen immer weiter gelockert, bis es schließlich am 1. Oktober 2000 zur Aufhebung des Bordellverbots kam. In der Folge wurden Fachverbände gegründet; das sexuelle Dienstleistungsgewerbe professionalisierte sich im althergebrachten Sinne des Wortes. Es gab Branchenvertreter, Wege der Krankenversicherung wurden gefunden, das Zahlen der Steuern und die Prüfung der Bilanzen wurde so organisiert, dass es praktikabel war und die Privatheit der Akteure dennoch gewahrt blieb.

Während bis dato in den Medien das Bild des ausgebeuteten und gefallenen Mädchens überwog, wurden nun auch Frauen wie Mariska Majoor gehört. Sie hatte selbst in der Branche gearbeitet, betreibt bis heute das *PIC (Prostitutie Informatie Center)*, gab Branchenratgeber wie *Als Sex werken wordt* (Wenn Sex Arbeit wird) heraus, in denen sie sich den konkreten Problemen des Arbeitsalltags widmete, und unterhielt mit *De rode Draad* (Der rote Draht) eine Hotline für die Branche. Von ihr formulierte Arbeitsprinzipien gelten auch heute noch als das Credo des selbstbestimmten Teils der Branche:

Jede Prostituierte hat das Recht auf ein hygienisches und sicheres Arbeitsumfeld, sie hat jederzeit das Recht, einen Freier abzulehnen, sie hat das Recht, sexuelle Praktiken, die sie nicht will, zu verweigern, niemand darf sie zwingen, während der Arbeit Alkohol oder Drogen zu konsumieren, keiner darf sie zwingen, ohne Kondom zu arbeiten, sie hat jederzeit das Recht zu entscheiden, wann Schluss ist und bei medizinischen Problemen hat sie das Recht, auf einen Arzt ihres Vertrauens zu bestehen.

Wie in Deutschland wurde auch in Holland das Thema Prostitution in letzter Zeit verstärkt diskutiert. Zu den

Kritikern gehört Myrthe Hilkens, die vor einiger Zeit noch für die PvdA – dem holländischen Äquivalent der SPD – im Parlament saß. Mittlerweile arbeitet sie bei einer PR-Agentur. Sie beschäftigte sich schon seit Längerem mit sexueller Ausbeutung und veröffentlichte Bücher zum Thema. Sie wurde auch durchaus gehört, aber so richtig ging der Rummel erst los, als sie ankündigte, sie würde eine Studienreise nach Schweden machen, um sich zu informieren, wie dort die Prostitution gehandhabt wird.

In Schweden, das weiß auch in Holland jeder, wird Prostitution verfolgt, allerdings wird der Freier bestraft und nicht die Hure. Deshalb sorgte die Reise für einigen Tumult. »PvdA will die Prostitution abschaffen«, titelten einige Zeitungen, und selbst die Hells Angels kommentierten auf Twitter die Aktion. Allerdings fiel der Kommentar vorhersehbar aus: »Prostitution abschaffen? Was für Idioten!«

Als die Abgeordnete aus Schweden zurückkam, sorgte sie mit ihrer Erklärung für Verwirrung in der Branche, als sie erklärte, dass sie Schweden keineswegs als Modell sähe. Sie wolle die Prostitution nicht abschaffen, sondern den Zwang und den Menschenhandel bekämpfen. Ihrer Meinung nach hätte die Legalisierung nicht die erwünschte Humanisierung des Arbeitsplatzes gebracht, und gegen die nun größer werdende Grauzone müsse man vorgehen.

Inzwischen hat die PvdA eine Gesetzesvorlage eingebracht, der zufolge das Mindestalter von Prostituierten auf 21 erhöht werden soll und der Kunde verpflichtet wird, zu prüfen, ob er sich in Gesellschaft einer Zwangsprostituierten befindet. Indizien wie blaue Flecken und eingeschüchtertes, ängstliches Verhalten sollen ihn dazu bewegen, den Kontakt abzubrechen; andernfalls könne er sich strafbar machen.

Um die Atmosphäre im Rotlichtviertel zu verändern, ermutigte die Stadt Kunstprojekte und Designfirmen, sich dort zu etablieren, außerdem wurden drei Millionen Euro für Rotlicht-Eigentümer bereitgestellt, die ihre Arbeitsplätze umwidmen wollten. Das Geld liegt immer noch auf dem Konto. Inzwischen denkt die Stadt daran, selbst Immobilien im Viertel zu kaufen und einer neuen Bestimmung zuzuführen.

Zur Bekämpfung der Zwangsprostitution wurde auch eine Hotline eingerichtet, an die sich Sexarbeiterinnen in der Not wenden können. In einem Quartal ging genau ein Anruf ein.

Zuid-Holland

Am 14. Mai 1940 griff die deutsche Luftwaffe mit vierundfünfzig zweimotorigen Henkel-Bombern die holländische Hafenstadt **Rotterdam** an. Die Bomben richteten vor allem im Ortsteil Kralingen großen Schaden an, aber am verheerendsten waren die Brände, die durch das Bombardement ausgelöst wurden. Einige der Bomben hatten Öltanks am Hafen getroffen, dadurch entstand ein Flächenbrand, der nicht mehr gelöscht werden konnte. Am Ende hatten achthundert Rotterdamer ihr Leben verloren; Zehntausende waren obdachlos.

In holländischen Augen ist dieser Luftangriff immer noch ein besonderer Ausdruck der deutschen Perfidie im Zweiten Weltkrieg. Zum einen, weil er durch ein Ultimatum angekündigt worden war, die Bomber dann aber wohl schon aufstiegen, bevor das Ultimatum abgelaufen war. Und zum anderen, weil die Deutschen damit gedroht hatten, Utrecht mit einem ähnlichen Flächenbombardement zu zerstören. Auf jeden Fall führte der Luftangriff dazu, dass die Niederlande nach fünf Tagen Krieg die Kampfhandlungen einstellte und sich ergab. Im benachbarten Belgien wurde noch wochenlang weiter gekämpft; fast so lange wie in Frankreich. Hinzu kommt, dass auch die Alliierten Rotterdam noch einmal im Jahre 1943 bombardierten, wobei wieder knapp vierhundert Rotterdamer ihr Leben verloren. Nach offizieller Darstellung handelte es sich bei diesem Angriff um ein Versehen.

Im Bild der Stadt ist von den Zerstörungen nichts mehr zu sehen, doch die seelischen Wunden sind noch nicht alle verheilt. In der Tat der beste Weg, in Rotterdam ein paar aufs Maul zu bekommen, bestünde darin, begeistert festzustellen, was für eine atemberaubend architektonisch schöne Stadt Rotterdam sei – und dann zu fragen, ob bei dem Entwurf und der Planung irgendwelche deutschen Einflüsse eine Rolle gespielt hätten. Und dennoch, es ist eine Tatsache: Rotterdam ist ein modernistisches Kleinod, einzigartig im ganzen Land.

Sollte es jemand schaffen, ganz Rotterdam auf die Couch eines Psychoanalytikers zu legen, so würde der ziemlich bald zu der Erkenntnis kommen, dass Rotterdam unter einem typischen *Second-City-Syndrome* leidet. Man hat alles, was man braucht, um aus der Region herauszuragen, aber leider gibt es da eine Konkurrentin, die in diversen Punkten immer einen Tick besser zu sein scheint.

Amsterdam hat etwa einhunderttausend Einwohner mehr, es leben um die hundert Nationalitäten mehr in der Stadt an der

Amstel. Nicht, dass dies ein Problem für Rotterdam ist. Multikulti ist ein Bereich, in dem Rotterdam Amsterdam gern die Führung überlässt. Die Einwohner der Stadt haben sich mittlerweile daran gewöhnt, dass sie als untypisch intolerant gelten. Jahrzehntelang war Rotterdam eine Hochburg der Sozialdemokratie, die hier regelmäßig mindestens die Hälfte aller Stimmen einfuhr. Doch dann kam Pim Fortuyn, der hier mit seiner Ein-Mann-Partei seine Hochburg hatte und überragende Wahlerfolge erzielte.

Mittlerweile gilt Rotterdam als Modell für den Umgang mit Problembezirken, besonders der Bürgermeister des Berliner Distrikts Neukölln holt sich immer wieder Inspirationen aus der Stadt an der Maas. Das Rotterdamer Stadtoberhaupt mit dem typisch niederländischen Namen Ahmed Aboutaleb erklärt dann seinem Kollegen, wie wichtig es ist, dass die Einwohner schon früh einen Stolz auf ihre Heimatstadt entwickeln. An Lokalstolz hat es Berlin eher selten gemangelt, aber Heinz Buschkowsky fährt dann dennoch in dem Gefühl wieder nach Hause, eine wichtige Lektion gelernt zu haben.

In einigen Punkten kann Rotterdam auch mit Amsterdam mithalten, so steht es im Prestige-Philosophen-Duell zwischen Spinoza und Erasmus 1:1. Allerdings erkennt man bei näherer Betrachtung, dass es sich bei Erasmus von *Rotterdam* um einen Etikettenschwindel handelt. Der Philosoph wurde unehelich geboren, wofür er mit viel Häme bedacht wurde und sich zeitlebens schämte. In der Stadt wurde er zu Lebzeiten nicht wohl gelitten, seine akademische Ausbildung und Prägung erhielt er in Gouda.

Aber es gibt Punkte, da hat Rotterdam gegenüber Amsterdam sogar die Nase vorn. Die U-Bahn von Rotterdam ist tatsächlich älter. Und der Hafen von Amsterdam mag beeindrucken, aber der von Rotterdam ist der größte Europas. Lange Zeit war er sogar der größte der Welt (die Position haben inzwischen chinesische Häfen übernommen) – auf dem alten Kontinent führt Rotterdam immer noch und Amsterdam liegt beruhigend weit abgeschlagen auf dem fünften Platz.

Bis zum Ende des 19. Jahrhunderts war Rotterdam ein holländischer Hafen unter vielen. Weil damals die Fahrrinne versandete, drohte seine Bedeutung weiter zu sinken. Mit der Lostrennung von Belgien (inklusive Antwerpen) war allerdings klar, dass Holland einen eigenen Welthafen brauchte. Der *Nieuwe Waterweg* verbindet seit 1863 die Maas mit der Nordsee und machte es so erst möglich, dass Rotterdam zu dem Hafen werden konnte, der er heute ist. Der Nordseekanal erfüllt für Amsterdam dieselbe Funktion, ist aber im Gegensatz zum Neuen Wasserweg mit Schleusen versehen und von daher umständlicher zu passieren. Der *Nieuwe Waterweg* hat zwar als Teil der Deltawerken auch ein riesiges Tor, welches bei Sturmfluten zur Regulierung des Wasserstandes verwendet werden kann, doch nur ein Laie – oder ein missgünstiger Amsterdamer – könnte so ein Bauwerk mit einer Schleuse verwechseln.

Auffällig bei beiden Häfen ist, dass sie von der Natur nicht gerade begünstigt sind, was aber die Holländer nie abgehalten hat, die natürlichen Bedingungen zu ihrem Vorteil zu verändern. Der ansonsten fast überall in diesem Umfeld anzutreffende Pragmatismus und Fatalismus wird in den Urlaub geschickt, sowie es gegen das Wasser geht. Sollten die Niederlande irgendwann, aus Gründen, die hier nicht zu interessieren brauchen, mal ans Matterhorn verlegt werden, dann bin ich mir sicher: Nach einigen Jahren werden sie dort einen Hafen haben und sie werden auch Wege finden, Wasser so umzuleiten, dass es in ihr Hafenbecken fließt.

Allerdings musste der Rotterdamer Hafen nicht nur gegen Widrigkeiten der Natur kämpfen. Auch die Politik hatte Amsterdam (trotz eigentlich schlechterer Voraussetzungen) immer bevorzugt. Auch das ist ein Grund dafür, dass sich beide Städte immer noch in herzlicher Abneigung verbunden sind.

Hinter dem Hafen ziehen sich endlos Raffinerien und Containerladeflächen hin. Die Container werden von den Verladebrücken mit Magneten angehoben – und es wird kolportiert, dass – wenn der Kranführer nicht aufmerksam ist – immer wieder mal ein Container samt Lastwagen hochgehoben wird. Aber das kann natürlich auch nur ein urbaner Mythos sein.

Dass Rotterdam mittlerweile hinter chinesische Häfen zurückgefallen ist, beunruhigt hier niemanden wirklich. Was aus den chinesischen Häfen rausgeht, geht zu großen Teilen nach Europa und muss also – wenn alles gut läuft – in Rotterdam entladen und abgewickelt werden.

Ich habe in Holland mit mehreren Leuten Gespräche geführt, die mich mit ihrer Intelligenz, Bildung und Weltsicht schwer beeindruckt haben. Nun könnte man einwenden, dass sei bei mir auch nicht allzu schwer, aber ich will auf einen anderen Punkt hinaus.

Diese Konversationen ergaben sich erst, nachdem wir uns eine Weile kannten und meine Gesprächspartner wussten, dass sie mir vertrauen können. Bis dahin schienen sie nicht wenig Energie darauf zu verwenden, dem Bild des immer gut gelaunten, fröhlich vor sich hinplappernden Holländers zu entsprechen – durchschnittlich wie eben alle anderen auch. Wenn man ihn deshalb für ein bisschen doof hält, ist das nicht so schlimm wie die Vermutung, er wäre insgeheim eine Intelligenzbestie, die sich für etwas Besseres als den Rest hält.

Einer der ersten Sprüche, die einem Ausländer begegnen, wenn er nach dem Selbstverständnis der Niederländer forscht, lautet: »*Doe maar gewoon, dat is gek genoeg*«, was man in etwa mit »Bleib mal schön normal, das ist schon verrückt genug« übersetzen könnte. Diese Sehnsucht, die Mitmenschen immer wieder davon zu überzeugen, dass man eigentlich ein stinknormales Leben führt, zieht sich durch alle Bereiche. Selbst Menschen, die in eher halbseidenen oder schattigen Gebieten des Gesellschaftslebens tätig sind, inszenieren sich – heute natürlich auch via Facebook und anderer sozialer Medien – mit Vorliebe als glücklich in den Tag lebende Kleinfamilie mit Kind oder wenigstens mit Hund.

Dennoch wird Bildung nicht verachtet. Vor ein paar Jahren war ich in Regionalzügen im Grenzgebiet zwischen Nordrhein-Westfalen und den Niederlanden unterwegs. Es war Nachmittag und in beiden Ländern waren viele Schüler auf dem Weg nach Hause. Wenn sie sich in den Zügen begegneten, machten sie, was Schüler in diesem Alter halt so machen. Sie warfen sich Obszönitäten an den Kopf und versuchten – mal ungeschickt, mal raffinierter – miteinander zu flirten. Aber der entscheidende Unterschied war: Die holländischen Pennäler hatten alle Bücher auf den Knien. Das war natürlich nur eine Momentaufnahme, aber der Eindruck, dass Holländer einen Vorsprung auf Wissensgebieten haben, mit denen man im Alltag wirklich etwas anfangen kann, hat sich auch bei anderen Gelegenheiten bestätigt.

Leyden ist eine altehrwürdige Universitätsstadt im Norden der Provinz Zuid-Holland. Für viele ist es sogar *die* Universitätsstadt schlechthin. Die Uni wurde im 16. Jahrhundert von irgendeinem Wilhelm von Oranien gegründet (wer das römische Numeral hinter dem Namen wissen will, soll halt googeln). Damals sollten hier vor allem Geistliche ausgebildet werden, die die aufstrebenden Niederländer immun gegen die Anfechtungen des Katholizismus machen sollten. Die Bildungseinrichtungen prägen auch heute noch das Bild der Stadt, es gibt keinen abgelegenen Campus im eigentlichen Sinne, die Häuser verteilen sich rund um das Zentrum. Ihre Belegung wird unter maßgeblicher Beteiligung eines studentisches Corps namens *Minerva* abgewickelt, das ist ein bisschen so wie bei Harry Potter, nur ohne jede Magie. Holländische studentische Verbindungen unterscheiden sich von deutschen dadurch, dass sie keine Vorgeschichte mit Duellen auf Paukböden und Kampftrinkereien haben. Aber es gibt auch hier Aufnahmerituale, bei denen es zu Exzessen kam – und wie unter Studenten weltweit wird auch hier gerne getrunken.

Auffällig ist allerdings, dass bei landesweiten Umfragen immer wieder herauskommt, dass Leyden die Stadt mit dem niedrigsten IQ der Niederlande ist. Ich habe keine Ahnung, wie die Intelligenz der Einwohner gemessen wird und nach welchem Schlüssel die Kandidaten ausgewählt werden, aber es könnte sein, dass es sich beim IQ-Downgrading vor allem um eine prophylaktische Maßnahme handelt. Den Studenten soll schon von Anfang an der Glaube ausgetrieben werden, dass sie aufgrund ihrer Bildung etwas Besonderes sind.

Kleines Land ganz groß

Niederländer kokettieren gerne damit, die Ausdehnung ihres Landes auf einem normalen Globus sei so klein, dass man nicht mal den ganzen Landesnamen hineinschreiben kann; weshalb sich die Kartenzeichner mit Abkürzungen wie Ndl. oder Niedl. behelfen müssen. Allerdings stellt man bald fest, dass sich dieses Problem nicht nur bei der Landesbezeichnung ergibt. Straßen haben viel stärker darunter zu leiden. Wenn es in einer Stadt eine große Allee oder einen weitläufigen Platz gibt, trägt er in der Regel kurze, eingängige Namen: *Wal*, *Dam* etc. Je kleiner die Straße allerdings, desto länger der Name. Eine kleine Quergasse heißt dann beispielsweise *Korte Goudbloemdwarsstraat*. Hier dürfte der Kartograf seinen ersten Wutanfall kriegen. Aber es geht noch weiter. Oft endet erwähnte Straße in einer Mini-Sackgasse, einem Stummel, der dann aber mindestens *Gedempte Korte Goudsbloemdwarstraat* – oder so ähnlich – heißt. Selbst im Zeitalter von Google Maps, wo man meinen sollte, dass unbegrenztes Zoomen auch dem umfangreichsten Straßennamen Platz bieten, wird man – wenn man vor dem Computer über Holland kreist – immer wieder Strecken finden, die einfach namenlos bleiben, weil der Platz für die Bezeichnung nicht ausreicht.

Der Irrsinn hat Methode, denn er wird nicht nur bei Straßen, sondern auch bei Ortsnamen betrieben. **Den Haag** heißt eigentlich *'s Gravenhage*.

Von den großen drei holländischen Städten ist Den Haag die kleinste und die untypischste. Der Regierungssitz hat keinen eigenen Hafen und auch keine Universität. Dafür verfügt Den Haag über zwei Bahnhöfe, was Reisende verwirren kann. *Den Haag Centraal Station* ist zwar der größere, aber ein Kopfbahnhof, weshalb Fernzüge auch an dem kleineren *Den Haag Hollandse Spoor Station* machen.

Die Regierungsfunktionen haben sich einfach so ergeben, weil die Oranier sich gerne in der Gegend aufhielten. Die Stadt dient schon seit Jahrhunderten als Regierungssitz, was ihr von niemandem – auch nicht von der nominellen Hauptstadt Amsterdam – streitig gemacht wurde. Größere Zweifel hingegen gibt es an der These, dass es sich bei Den Haag tatsächlich um eine Stadt handelt. Streng genommen hat Den Haag sogar niemals das offizielle Stadtrecht verliehen bekommen. Reisende im Spätmittelalter sprachen bei einem Besuch von einem schönen, sehr ansehnlichen Dorf und man kann auch heute noch gut verstehen, wie sie zu dieser Beobachtung kam. Den Haag ist also die Stadt, die es nicht gibt.

Was Den Haag an Urbanität fehlt, macht es an Weltgeltung wett. So lange Holland noch sein Heil in der Neutralität suchte, war Den Haag eine Stadt wie Genf, wo sich internationale Organisationen ansiedeln, wenn sie sich überparteilich und nicht konfessionsgebunden sehen.

1904 wurde hier die Haager Landkriegsordnung beschlossen. Ein im Rückblick rührend wirkender Versuch, den sich abzeichnenden Gemetzeln des 20. Jahrhunderts so etwas wie Form und Regeln zu geben. Es wurde verboten, den Gegner zu erschießen, wenn er sich ergeben hatte. Wer aus Kriegsgefangenschaft floh, durfte dafür nicht bestraft werden, und kriegsgefangene Offiziere durften nicht zu gewöhnlichen Arbeiten herangezogen werden. Immerhin kann man sagen, dass sich in den darauffolgenden Kriegen die beteiligten Parteien zumindest in den ersten fünf Minuten der Auseinandersetzung an die in Den Haag formulierten Regeln gehalten haben.

Die andere weltweit wirksame Institution ist der Internationale Strafgerichtshof, vor dem weltweit gesuchte Kriegsverbrecher ihre Taten verantworten sollen. Die Erfolge des Gerichtshofs sind durchwachsen, zum einen, weil die Angeklagten immer wieder von Siegerjustiz sprechen, und zum anderen, weil die USA für ihre Militärs die Zuständigkeit des Gerichtes ablehnen. Aber sicherlich ist es gut, dass es so eine Institution überhaupt gibt.

Bis vor ein paar Jahren war das Regierungsviertel ein verschlafen wirkender Ort. Auf dem Rasen des Binnenhofs konnte man die Fahrer der Regierungslimousinen beim Waschen ihrer Wagen beobachten und durch die Fenster die Abgeordneten ~~dösen~~ arbeiten sehen. Die Morde an Pim Fortuyn und Theo van Gogh haben auch hier das Klima verändert – richtig tief in das Gedächtnis der

Stadt gebrannt haben sich allerdings politische Morde, die bereits vor mehreren Jahrhunderten stattfanden.

Exkurs: Ein abscheuliches Verbrechen

Als die Niederlande im 17. Jahrhundert frei von den Spaniern, aber eine Zeit lang ohne Statthalter waren, gehörte Johan de Witt zu den brillantesten Köpfen seiner Zeit. Er stammte aus wohlhabenden Verhältnissen und war als Ratsherr der Grafschaft Holland einer der mächtigsten Männer seines Landes. De Witt tat sich nicht nur als Politiker hervor, sondern auch als Mathematiker. Seine Forschungen auf dem Gebiet der Statistik und Wahrscheinlichkeitsrechnung legten die Grundlage für ein professionell kalkulierendes Versicherungswesen, wobei man sagen muss, dass ihm diese Berechnungen am Ende wenig geholfen haben.

Die Familie der Oranier ärgerte sich über die Macht und das Ansehen De Witts, konnten aber noch nichts machen, weil Wilhelm III. noch ein Kind war und nicht in die Staatsgeschäfte eingreifen durfte. Auch wenn sich de Witt im Kollegium mit den anderen Ratsherren abstimmen musste, galt er doch für ausländische Beobachter und Gesandte als König Johan von Holland. Ein Titel, der die Oranier noch weiter vergrämte. Ein enger Vertrauter Johan De Witts war sein zwei Jahre älterer Bruder Cornelis.

Die Holländer waren zu dieser Zeit in der Frage der Staatsführung gespalten. Wie es aussah, konnte eine Mehrheit mit dem geradezu anarchischen Zustand einer statthalterlosen Niederlande sehr gut leben, allerdings war diese Mehrheit nur hauchdünn, es gab genauso einflussreiche Kräfte, die so bald als möglich wieder einen Oranier auf dem Thron sehen wollten. Die De Witts wollten das auf jeden Fall verhindern. Der Vater der Brüder war unter dem alten Wilhelm ins Gefängnis geworfen worden und hatte seinen Söhnen als Lebensweisheit eingeimpft: »Trau niemals einem aus dem Hause Oranien.«

Im Laufe der Zeit wurde Johan De Witt zu einem der reichsten Männer der Niederlande. Sein Vermögen belief sich auf fast eine halbe Million Gulden (damit wäre er nach heutigen Maßstäben mehrfacher Milliardär). Natürlich konnte er diese Reichtümer nicht mit seinen Politiker-Diäten aufbauen. De Witt spekulierte viel und erfolgreich in Geldgeschäften, damit machte er sich zunutze, dass er als Beamter zu besonders günstigen Konditionen Kredite aufnehmen konnte.

Der große Rivale Hollands zur See war England. Zwar war Holland als Seemacht mindestens gleichwertig, allerdings verfügte die Insel über größere Ressourcen an Menschen und Material, weswegen sich Johan de Witt beim Friedensschluss mit den Briten auf eine geheime Zusatzklausel einließ. Er versprach dafür zu sorgen, dass niemals mehr ein Oranier den niederländischen Thron besteigen würde. De Witts englisches Äquivalent bestand auf diesem Zusatzabkommen. Er befürchtete, dass die Oranier seine schottische Konkurrentin Maria Stuart unterstützen könnten.

Der Frieden mit England hielt nicht lange. Es kam zu einem zweiten Krieg und bald hatte Holland auch noch Frankreich gegen sich. In der Seeschlacht erlitt Holland eine schmähliche Niederlage, das Landheer war Frankreich auf keinen Fall gewachsen – die Unabhängigkeit des jungen Staates war in Gefahr.

Wie es sich für Geheimabkommen gehört, kam nur zu bald heraus, was für einen Deal Johan de Witt mit den Engländern abgeschlossen hatte. Bei knapp der Hälfte seiner Landsleute galt er nun als Linkmichel und Vaterlandsverräter.

Als die Franzosen drohten, das Land zu besetzen, ließ De Witt zum ersten Mal in der Geschichte Hollands zur Landesverteidigung die Polder fluten. In den Städten brach Panik aus. Bei den Briten war Cromwell inzwischen gestürzt worden. Das wieder installierte englische Königshaus wollte nun unbedingt einen Oranier auf dem holländischen Thron sehen. Johan De Witt geriet weiter unter Beschuss. Seine Außenpolitik hatte auf der ganzen Linie versagt.

Am 21. Juni 1672 kam es zum ersten Mordversuch, den De Witt schwer verletzt überlebte. Während er auf dem Krankenbett lag, handelten seine Gegner. Wilhelm III.

wurde zum Statthalter ernannt, Johans Bruder Cornelis gezwungen, das geheime Zusatzabkommen zu annullieren, und angeklagt. Er sollte versucht haben, den Oranier zu ermorden. Aber Cornelis gestand auch unter Folter nicht.

Johan De Witt reichte seinen Rücktritt ein. Der wurde ihm in allen Ehren gewährt, aber als Johan seinen Bruder am 20. August im Gefängnis besuchen wollte, kochte die Menge über. Von Hetzern aufgestachelte Schützen stürmten das Gefängnis und töteten die Brüder. Die Leichname wurden aus dem Bau gezerrt und nackt an einem Galgen vor der Stadt aufgehangen. Die Körper wurden verstümmelt, die Eingeweide herausgerissen und den Hunden zum Fraß vorgeworfen. Auch wenn recht vorsichtig formuliert wurde: Es gilt als erwiesen, dass als Ursache hinter dem plötzlich aufkochendem Volkszorn das Umfeld Wilhelm III. zu vermuten war.

Einzelne Gliedmaßen der Toten tauchten bald als Reliquien und in verschiedenen Kuriositätenkabinetten auf. Ein Finger und die Zunge Johan De Witts können heute noch im Museum von Den Haag besichtigt werden. Allerdings ist ein Rundgang nur in Begleitung einer Führung möglich.

Vor den Toren Den Haags befindet sich das ehemals mondäne Seebad **Scheveningen**. Heute erfüllt Scheveningen für Den Haag dieselbe Funktion wie Zandvoort für Amsterdam. Aber hier gibt es zusätzlich einen Bungee-Sprungturm. Der Legende zufolge hatten Widerstandsgruppen während des Zweiten Weltkrieges besonders gern »Scheveningen« als Losungswort benutzt, weil dieser Ortsname für Deutsche nahezu unmöglich korrekt auszusprechen sei. Das mag stimmen, aber ein kurzer Blick auf die Landkarte zeigt, dass an für Deutsche nur mit Mühe auszusprechenden Ortsnamen in den Niederlanden kein Mangel herrscht: IJmuiden, Zutphen, Zierikzee ...

Die erste Stadt landeinwärts hinter Den Haag ist **Delft**. Sie ist durch die blauen Delfter Kacheln weltbekannt. Das schlägt sich auch im Publikumsverkehr nieder, hier trifft man überproportional viele Amerikaner und Asiaten, die die einschlägigen Geschäfte und Museen frequentieren. Die proportional größte einheimische Ausländergruppe stellen die Chinesen. Seitdem zu Beginn des 19. Jahrhunderts ein paar Dutzend chinesische Heizer während eines Matrosenstreiks als Streikbrecher in das Land geschmuggelt wurden, gehören Chinesen – und in den größeren Städten auch Chinatowns – zum Alltag. Mit besonderer Herzlichkeit wurde ihnen selten begegnet, aber eine verblüffende Geschmeidigkeit und Anpassungsfähigkeit sicherte ihnen immer wieder das Überleben. Da die Chinesen lange Zeit von allen Segnungen des niederländischen Sozialsystem ausgeschlossen waren, entwickelten sie autarke Familienstrukturen, welche sie von Subventionen unabhängig machten. Was dazu führte, dass die Chinesen die einzige Bevölkerungsgruppe war, die von den deutschen Besatzungstruppen in Ruhe gelassen wurde; schließlich war man froh über jeden, der sich selbst versorgen konnte. Nach dem Ende des Krieges wurde deshalb einigen chinesischen Familien Kollaboration vorgeworfen, was in Anbetracht der Nahtlosigkeit, mit der holländische Behörden mit den Besatzungstruppen zusammenarbeiteten, eine kühne Behauptung ist.

Mindestens ebenso typisch holländisch wie Delfter Kacheln sind die Käseprodukte aus **Gouda** – einer Stadt, die im Holländischen »Chauda« (mit *ch* wie in *Lachen*) ausgesprochen wird. Von der Optik her ist Gouda immer noch eine typisch holländische Stadt, den größten Bevölkerungsanteil stellen allerdings mittlerweile Marokkaner.

Im Norden von Den Haag liegt **Wassenaar**. Wenn man den reichen, weißen Villenstandort schnell und einfach beschreiben will, dann so: Wassenaar ist in nahezu jeder Beziehung das Gegenteil von Rotterdam. Mir hat mal jemand glaubhaft versichert, dass es in Wassenaar fünf hintereinandergeschaltete Blitzampeln gibt. In Wassenaar bleibt man gerne unter sich. Zu den bekannten Söhnen der Stadt gehörte der 2004 ermordete Künstler Theo van Gogh, der zwar klamottentechnisch immer so aussah, als wäre er der obdachlose Bruder des Trommlers von Trio, aber ansonsten keinen Hehl daraus machte, dass er der Oberschicht entstammt und ihre Thesen meinungsstark vertritt.

In unmittelbarer Nachbarschaft befindet sich die Villa Eikenhorst, das Domizil vom König nebst Gemahlin Máxima und ihrer drei reizenden Töchter Catharina-Amalie, Alexia und Ariane. Vor einiger Zeit ging durch die Medien, dass sich in der Nachbarschaft des Königs Hausbesetzer eingenistet hätten; letztlich kann man so weit rennen wie man will, am Ende holt einen der Alltag doch immer wieder ein.

Exkurs: Auf die Größe kommt es doch an

Holländer definieren sich gerne in Extremen. Ein kleines Land, welches aber von den körperlich größten Europäern bewohnt wird. Wobei in interessierten Kreisen – kichernd nach dem dritten Prosecco – sicherlich immer wieder mal die Frage auftaucht, ob Holländer denn überall so »groß« sind. Bei der Beantwortung dieser Frage hat sich vor kurzem ein Politiker aus Wassenaar verdient gemacht. Er teilte auf dem »kurzen« Dienstweg einer Kollegin mit, dass »er« dreiundzwanzig Zentimeter groß sei. Die Adressatin war nicht so amüsiert wie erhofft, und der ganze Vorgang beschäftigte geraume Zeit die Medien. Aber die interessierte Kundschaft im Ausland hat nun immerhin einen Anhaltspunkt. Dafür darf sie dem Stadtrat von Wassenaar auch durchaus einmal dankbar sein.

Zum Abschluss dieses Kapitels noch ein paar Hinweise zu zwei Orten, die wohl in jedem Touristenführer vorkommen. **Madurodam** – in Den Haag – ist eine holländische Stadt im kleinen. Im Maßstab 1:25 sind hier verschiedene Sehenswürdigkeiten aus ganz Holland nachgebaut worden. So gibt es unter anderem das Reichsmuseum in Amsterdam, die Erasmusbrücke von Rotterdam, den Käsemarkt von Alkmaar und Bauernhöfe und Mühlen aus verschiedenen Regionen und Epochen. Allerdings gibt es kein Krankenhaus und auch keinen Friedhof. Im Zentrum der Ministadt liegt eine beeindruckende Nachbildung des Flughafens

Schiphol. Mit vier Kilometern Gleisen ist Madurodam gleichzeitig die größte Modelleisenbahnanlage der Niederlande.

Die Mini-Stadt wurde am 2. Juli 1952 eröffnet. Seit dieser Zeit ist es üblich, Kinder zu ihrem Bürgermeister zu machen. Als Erste zu diesem Posten kam die damals noch vierzehnjährige Prinzessin Beatrix. Das Startkapital für das Projekt kam von den Eltern von George Maduro; einem Studenten aus Curaçao, der im Zweiten Weltkrieg als Kavallerieoffizier diente und 1945 im Konzentrationslager Dachau starb. Mit der Anlage wollten sie das Andenken ihres Sohnes wachhalten. Bei jährlich einer Million Besuchern dürfte ihnen das gelungen sein. Die Einnahmen aus den Eintrittsgeldern gehen an verschiedene Stiftungen.

Selbst in den Sechzigerjahren, als Holland für Hippies weltweit eine Heimstatt der Flowerpower war, verblasste dahinter nicht das Ansehen der Tulpe – der Blume, die Holland in der Welt bekannt gemacht hatte. Die Tulpe ist Symbol für die Niederlande wie die bourbonische Lilie für Frankreich und die Rose für englische Königshäuser. Doch anders als die aristokratischen Blüten der Nachbarn stand die Tulpe immer für den weltlichen Genuss des holländischen Kaufmanns.

Und dann ist da ja noch die immer wieder gern gehörte Geschichte vom Tulpenwahn. Wie vor hunderten von Jahren die Leute so verrückt nach Tulpenzwiebeln waren, dass sie am Ende bereit waren, ein ganzes Haus für eine Zwiebel zu bieten. Das Bemerkenswerte an Geschichten wie dieser ist, dass sie immer wieder gern erzählt werden, ohne dass irgendjemand irgendeine Lehre daraus zieht.

Im **Keukenhof bei Lisse** befindet sich das Mekka aller Tulpenfreunde. Hier wurde 1949 die Nationale Blumenausstellung eingerichtet, und von März bis Mai blüht hier auf zweiunddreißig Hektar alles, wohin das Auge schaut. Nicht nur Tulpen, sondern auch Hyazinthen und Gladiolen. Mit Natur hat das allerdings nicht mehr allzu viel tun. Die Pflanzen stehen in Reih und Glied, wer sie bewundern will, muss sich auf schnurgeraden Wegen durch die Beete bewegen. Aber die Optik ist auf jeden Fall atemberaubend. Allerdings: Die Blumenbeete von Keukenhof sind ein Symbol der Niederlande, welches weltweit vermarktet wird. Deshalb ist der Andrang während der Blütezeit groß. Viel Gelegenheit zur Muße gibt es da beim Flanieren und Fotografieren nicht. Wer ein wahrer Tulpenfreund ist, sollte es vielleicht mal mit den Beeten um Breezand in Noord-Holland versuchen. Die Beete sind zwar nicht so groß, aber schlussendlich ist eine Tulpe eine Tulpe; egal, wo sie wächst. Eine weitere Alternative wäre, mit dem Zug von Leyden nach Haarlem zu fahren und dabei aus dem Fenster zu schauen.

Exkurs: Mit den Waffen einer Frau

Der Ehrgeiz, als *gidsland* (Vorbild, Rollenmodell) der Welt voranzugehen und ihr ein leuchtendes Beispiel zu geben, ist in den Niederlanden nicht mehr ganz so ausgeprägt wie in früheren Jahren. Heutzutage ist man vielfach froh, wenn man als stinknormal angesehen und von den weltweiten Problemen nicht ganz so heftig heimgesucht wird wie manche andere Länder auf dem Kontinent. Es gibt aber immer noch Gebiete, auf denen sind die Niederlande weiterhin Vorreiter, ob sie es wollen oder nicht. So hat das Königreich seit November 2012 eine Frau als Verteidigungsministerin, ein gutes Jahr, bevor hierzulande Ursula von der Leyen mit Getöse und Debatte auf diesen Posten kam. Die Karriere der holländischen Verteidigungsministerin Jeanine Hennis ist auch deshalb interessant, weil sie einen Einblick gibt, wie dieses Land funktioniert und wie erfolgreiche Politiker(innen)-Karrieren aussehen.

Jeanine, die seit ihrer Heirat mit einem Wirtschaftsmann Hennis-Plasschaert heißt (während in Deutschland die Doppelnamen-Seuche seit einigen Jahren zum Glück ausgestorben zu sein scheint, grassiert sie in den Niederlanden noch munter weiter), kommt aus einem streng katholischen Elternhaus. Am 7. April 1973 geboren, durchläuft sie das volle Programm: Taufe, Kommunion, Firmung. Heutzutage sei sie zwar längst aus der Kirche ausgetreten, sie gehe aber doch immer mal wieder in ein Gotteshaus hinein, um eine Kerze anzuzünden und ihre Großeltern zu ehren.

Jeanine Hennis-Plasschaert ist blond und verbreitet jenen properen Frohsinn, den man hierzulande von TV-Moderatorinnen wie Linda de Mol und Marijke Amado kennt. Wenn man eine ernstzunehmende Politikerin werden will, ist so eine Ausstrahlung nicht unbedingt hilfreich. Blondinenwitze gibt es überall, auch in Holland, und dass die junge Frau an der *Schoevers*-Handelsschule eine Ausbildung zur Fremdsprachensekretärin machte, war im Hinblick auf eine politische Karriere auch nicht hilfreich. Frauen in Führungspositionen sind immer noch rar, und die Bereitschaft, sich von einer ehemaligen Tippse herumkommandieren zu lassen, ist noch geringer. Die spätere Frau Ministerin hingegen findet diese Ausbildung für ihre Laufbahn durchaus hilfreich. Dank ihr kann sie in zwei Fremdsprachen – Englisch und Französisch – kommunizieren; eine Fähigkeit, die auch in den Niederlanden nicht so ausgeprägt ist, wie man glaubt.

Als Praktikantin bei der EU landete sie im früheren Ostblock, genauer gesagt in Lettland, wo sich ihr politisches Weltbild ausprägte. Sie wird Mitglied der VVD (*Volkspartij voor Vrijheid en Democratie*), einem holländischen FDP-Äquivalent, das sich allerdings erfolgreicher schlägt als der deutsche Gegenpart.

Im Stadtrat von Amsterdam wird sie Assistentin ihres Parteifreundes Geert Dales. Politischer Gegenspieler ist Rob Oudkerk, eine Skandalnudel von der PvdA (*Partij van de Arbeid*, vergleichbar mit der SPD), der in die Schlagzeilen kommt, weil die Bestseller-Autorin Heleen van Royen in ihrer Kolumne durchblicken lässt, dass Oudkerk auf dem Straßenstrich als Freier unterwegs war und an Silvester den Jahreswechsel mit Koks feierte. Das war selbst für Holland ziemlich heftig. Oudkerk musste seinen Hut nehmen. Da das Klima zwischen ihm und Hennis-Plasschaert immer gut war, schlägt er vor, seinen Ausstand mit einer Flasche Campari zu begießen. Jeanine ist einverstanden.

Auch sie selbst erlebt in dieser Zeit wie es ist, wenn man schlechte Presse bekommt. Mariska Orbán-de Haas, genauso ein Fan von Doppelnamen wie Jeanine, aber dem Katholizismus noch lange nicht entfremdet, schreibt 2010 in ihrem katholischen Nachrichtenblatt einen offenen Brief an Jeanine Hennis-Plasschaert, in dem sie ihr einige Abtreibungen unterstellt. Hennis-Plasschaert antwortet, die Vorwürfe seien haltlos, sie könne keine Kinder kriegen, aber es ist sichtlich und zu recht unangenehm, dass sie sich öffentlich mit derartigen Aspekten ihres Privatlebens befassen muss. Aber sie übersteht die Affäre. Orbán-de Haas ist seit diesem Vorfall nicht mehr Chefredakteurin des *Katholiek Nieuwsblad*, Jeanine Hennis-Plasschaerts Karriere hingegen ging steil weiter nach oben.

Im europäischen Parlament macht sie Furore, weil sie zu den Abgeordneten gehört, die dagegen protestieren, dass im Rahmen des SWIFT-Abkommens private Daten von Europäern ungeprüft an die Vereinigten Staaten geliefert werden. Seit Edward Snowden weiß man, dass dieser Protest eher als rührender Versuch der Selbstbehauptung zu werten ist, damals machten die mutigen Volksvertreter Furore. Jeanine Hennis-Plasschaert galt als irgendwie linksliberal, was ihr aber bei ihrer weiteren Laufbahn eher schaden würde, weswegen sie versucht, sich einen Ruf als Expertin für die öffentliche Sicherheit zu erarbeiten.

Das gelingt mit einem Auftritt in der Sendung *Pau en Witteman*, dem holländischen Äquivalent zu Jauch & Co. Stargast der Sendung ist Henk Kuipers, damals noch einer der Bosse des Motorradclubs *Saturadah* (später sollte er zum Verein *No Surrender* wechseln). Die Motorradgangs machen gerade mal wieder Schlagzeilen, es gibt Berichte über Schlägereien und Hausdurchsuchungen, bei denen Waffen und Drogen gefunden werden.

Hennis-Plasschaert steht in der Sendung ihren Mann. Sie überzeugt nicht so sehr durch das, was sie sagt, sondern durch ihre Ruhe und Gelassenheit, denn Henk ist nicht allein gekommen. Er hat ein paar Kumpels mitgebracht, die in ihren Kutten im Publikum sitzen und nicht gerade einladende Blicke aussenden.

2012 erfolgt dann die Ernennung zur ersten Verteidigungsministerin des Landes. Bei unseren Nachbarn ist dieser Posten genauso ein Schleudersitz wie bei uns (siehe Scharping, Guttenberg et al.) und außerdem soll Jeanine Hennis-Plasschaert nicht die erste Wal für diesen Posten gewesen sein. Aber das ficht die Ministerin nicht an. Genauso wenig, dass kurz nach ihrem Amtsantritt schnell Spitznamen wie »Bomben-Barbie« die Runde machten. Sie steht in dem Ruf, manchmal schneller zu reden als zu denken, aber bislang legen ihr ihre Anhänger das noch als Authenzität aus. Und wenn sie auf dem Posten im Verteidigungsministerium nicht ins Schleudern gerät, dann wird mit ihr auch außerhalb der Landesgrenzen zu rechnen sein. Schließlich ist Ursula von der Leyen nicht die einzige Verteidigungsministerin, die von noch höheren Aufgaben träumt.

Tipps Zuid-Holland

Zu den beeindruckten Bauten in **Rotterdam** gehört der jüngst eröffnete Dreifachturm **De Rotterdam** (Wilhelminapier, www.derotterdam.nl) von Rem Kohlhaas in der Nähe der **Erasmusbrücke**. Das Gebäude ist 149 Meter hoch, das **Montevideo** (ebenfalls am Wilhelminapier) gilt immer noch als höchstes Haus der Stadt. Aber auch ganz normale Häuser wurden in Rotterdam mit originellen Konzepten verwirklicht. Die **Kubuswohnungen** (Overblaak 70) am Rand des alten Hafens entstanden in den Achtzigerjahren und wurden von Le Corbusier inspiriert.

Neben der Architektur ist natürlich der Hafen *die* Sehenswürdigkeit der Stadt. Für eine Hafenrundfahrt bietet sich ein **Wassertaxi** an, deren Anlegestelle ist das **Hotel New York** (Koniginnehoofd 1, www.hotelnewyork.nl).

Maurits Cornelis Escher ist für seine perspektivisch verwirrenden Bilder – Treppen, die sowohl hinauf und hinab führen, Vogelschwärme, die auf den zweiten Blick Fischschwärmen gleichen – berühmt geworden. Eine nahezu vollständige Sammlung seiner Werke gibt es in **Escher in het Paleis** (Lange Voorhout 74, www.escherinhetpaleis.nl) in **Den Haag** zu sehen.

Jede Politmetropole braucht auch eine Kneipe, in der Politiker ihre Hintergrundgespräche führen können. Was das Borchardt und das Einstein in Berlin, ist das **Le Bistroquet** (Lange Voorhout 98, www.bistroquet.nl) in Den Haag.

Einen Gemäldeklassiker findet man im **Mauritshuis** (Plein 29, www.mauritshuis.nl), hier hängt das Mädchen mit dem Perlenohrring. Moderner geht es in **Scheveningen** im **Museum Beelden** an Zee (www.beeldenaanzee.nl) zu. Die Betreiber Theo und Linda Scholten fokussieren sich auf ein Gebiet: Skulptur der Moderne. Die Ausstellungen wechseln in der Regel viermal jährlich.

In **Vlaardingen bei Rotterdam** steht das **Geuzenmonument** (am Markt). Ursprünglich waren die Geusen (deutsche Schreibweise) Guerilla-Kämpfer, die im Wald und zu Wasser während der niederländischen Unabhängigkeitskriege gegen die Spanier kämpften. Ihr Streit wurde gerade auch in Deutschland in den Jahrhunderten danach in Balladen geehrt.

Der Name Geusen ist aus einem Schimpfwort entstanden, dem französischen »*gueux*«, was so viel wie »Bettler« bedeutet.

Das Geuzenmonument wurde 1983 von Königin Beatrix eingeweiht und erinnert an die niederländischen Widerstandskämpfer, die im Zweiten Weltkrieg ihr Leben verloren.

Hoek van Holland war lange Zeit genau das, was der Name versprach. Die letzte Ecke Hollands, bevor man mit der Fähre nach England hinüber fuhr. Der Ort und sein Strand sind auf jeden Fall sehenswert.

Exkurs: Drogen

An dem ersten Aufkommen von Drogen nach dem Zweiten Weltkrieg ist nach holländischem Verständnis auch Deutschland schuld. Amerikanische Soldaten, die in Deutschland stationiert waren und über holländische Häfen die Heimreise antraten, brachten ihre Rauschmittel ganz einfach mit sich und machten die Einheimischen damit vertraut. Bald wurden für einen Gulden Haschzigaretten vor allem in Jazz-Lokalen verkauft. Wie ein Strafrechtler 1949 feststellte, waren es neben Jazz-Musikern vor allem »Neger« (so sagte man damals) und eben Amerikaner, die das Rauschgift unter die Leute brachten. Der Handel konzentrierte sich auf Amsterdam und Rotterdam, weil dies die beiden einzigen Städte der Niederlande waren, in denen sogenannte »Negerorchester« engagiert wurden.

Erst die Änderung des Betäubungsmittelgesetzes 1953 gab den Behörden allerdings eine Handhabe, gegen die Konsumenten vorzugehen. Bis dahin fielen Rauschgifte wie Opium noch unter Kolonialwaren und wurden unter staatlicher Regie vertrieben. 1955 wurde ein Kunststudent, der mit einer Haschzigarette angetroffen wurde und den Konsum nicht leugnete, zu einer Haftstrafe von drei Monaten (die allerdings in ein Jahr auf Bewährung umgewandelt wurde) verurteilt. Zwei Jahre darauf wurden die ersten Dealer, zwei Surinamer, verhaftet und angeklagt.

Sie wurden zu Haftstrafen von anderthalb bzw. einem halben Jahr verdonnert.

Als die Niederlande ihre Kolonie Indonesien und damit die Opiumeinfuhr verlor, hörte der Konsum nicht auf, er verstärkte sich sogar. Richtig in Schwung kam er Mitte der Sechzigerjahre durch die Provos, die mit ihren Aktionen die Konsumwelt und – so viel Ironie muss sein – die Zigarettenindustrie attackierten.

Begründet wurde diese Bewegung unter anderem durch den Philosophen Roel van Duijn, den Drucker Rob Stolk und den Verleger Hans Metz. Diese künstlerisch ambitionierten Anarchisten waren bei der Wahl ihrer Mittel nicht zimperlich, so zeigte Metz in seiner Zeitschrift Königin Juliana als Prostituierte in einem Fenster im Rotlichtviertel und schrieb darunter »Ich bin von Kopf bis Fuß auf Gulden eingestellt«. Direkte Gewalttätigkeit gegen die Obrigkeit lehnten die drei allerdings ab.

Wie man von einem gut organisierten Staat erwartet, reagierten die Behörden entschlossen. Die *Narcoticabrigade*, jene Abteilung der Amsterdamer Polizei, welche sich Rauschgiftdelikten widmete, wurde 1966 verstärkt. Das Personal wurde sogar verdreifacht: statt bislang zwei Mitarbeitern waren nun sechs Kollegen bemüht, den um sich greifenden Rauschgiftkonsum unter Kontrolle zu kriegen.Es konnte niemand ernsthaft glauben, dass mit den paar Männeken der Sucht ein Ende gesetzt werden könnte.

Der Vondelpark und der Dam hatten sich in Amsterdam inzwischen als Kifferparadiese etabliert, aber der Genuss war dennoch nicht völlig risikofrei. Wer bei Razzien im Poptempel Paradiso oder auf der Prins Hendrikade mit Drogen angetroffen wurde, musste mit aufs Revier.

Doch bald stellten sich auch die Polizisten die Frage, ob sie die Drecksarbeit für eine Gesellschaft machen sollten, die sich davor drückte, ein grundsätzliches Problem zu klären. Waren Drogen wirklich schlimmer als Alkohol und Nikotin? Wenn ein erwachsener Mensch das Recht hat, sich mal eine Zeit lang aus der Gegenwart zu beamen, darf er dann nicht auch selbst über das Transportmittel entscheiden? Eine Erkenntnis hatte man immerhin schon: Man konnte so viele Razzien veranstalten, wie man wollte, der Drogenkonsum ging nicht zurück. Einer der Provos war von dem Stoff sogar so entzückt, dass er seine Tochter (Geburtsjahrgang 1963) Mary Juana nannte.

1969 beschloss das Innenministerium, den Konsum von weichen Drogen nicht weiter zu verfolgen. Der Handel blieb jedoch weiterhin strafbar. Und LSD wurde 1966 nochmal ganz besonders verboten, weil Gerüchte die Runde machten, dass die Provos während der Hochzeit von Beatrix und Prins Claus die Pferde der königlichen Kutsche mit LSD-getränkten Zuckerwürfeln füttern wollten.

Erst 1976 wurde das Betäubungsmittelgesetz dahingehend geändert, dass der Besitz und Verkauf kleiner Mengen Cannabis zwar immer noch strafbar, aber kein

Vergehen mehr war. Das ist eine hübsche Formulierung und die Grundlage des später folgenden Booms. Und man fragt sich, weshalb all die Theologen, die so gerne schwerwiegende Fragen diskutieren (»Wie viele Engel passen auf die Spitze einer Nadel?«) nicht einfach in Holland nach einer Lösung gefragt haben. Wer auf so brillante Formulierungen wie »strafbar, aber kein Vergehen« kommt, der hätte bestimmt auch auf die Engel-Frage eine überzeugende Antwort gefunden.

Da nun auch der Besitz nicht mehr als Vergehen bestraft wurde, hätten die Hippies sich auch von der alten Sitte, einen Joint kreisen zu lassen (denn das war der einzige Weg, um zu verhindern, dass man wegen Besitzes drankommt – bei einem kreisenden Joint konnte niemand bestimmen, wem er gehörte), verabschieden können. Diese Tradition war aber bereits so etabliert, dass sie sich bis heute gehalten hat. Hat man mir zumindest gesagt.

Die großen Rockfestivals ausgangs der Sechzigerjahre trugen zur weiteren Popularisierung der Drogen bei und Anfang der Siebzigerjahre eröffneten die ersten Coffee Shops. Der heute längst nicht mehr irreführende Name ist übrigens leicht erklärt. Damals brauchte man keine Konzession, um ein Kaffeehaus zu eröffnen; klar, dass alle neu eröffneten Etablissements folgerichtigerweise Kaffeehäuser waren.

Drei Amsterdamer Coffee Shops streiten um den Ruhm, der erste gewesen zu sein. Wobei man sich den ersten Shop nicht als sonderlich glamouröse Angelegenheit vorstellen darf. Das war einfach ein normales Café, wo eben mal ein Typ vorbeikam, »der etwas dabei hatte«. Und in dem Moment, wo der Typ nicht mehr nur vorbeikam, sondern den ganzen Tag am Tresen sitzen blieb, war der Coffee Shop geboren.

Für die Nachfrage wurde längst nicht mehr nur importiert, sondern auch selbst produziert. Das steigerte die Vielfalt, entsprechend las sich die Karte im Coffee Shop recht variantenreich: *Nederwiet* (also Marke Eigenbau), Hasch aus Marokko, vorgedrehte Joints, Space Muffins ...

Die Dekriminalisierung der Verbraucher hatte jedoch nicht dazu geführt, dass der gesamte Handel mit weichen Drogen dem kriminellen Milieu entzogen wurde. Der größte und berüchtigtste Drogenbaron war Klaas-Jan Bruinsma, wegen seiner Vorliebe für schwarze Kleidung auch der *Dominee* (Pfarrer/Abt) genannt. Andere Quellen sagen, er hätte den Spitznamen auch deshalb bekommen, weil er seiner Mitwelt so gerne die Leviten las. Allerdings kenne ich keinen Holländer, der seiner Mitwelt *nicht* gerne die Leviten liest, insofern kann die Freude am Belehren schwerlich ein Alleinstellungsmerkmal von Klaas-Jan gewesen sein. Jedenfalls sollte Bruinsma zu einer legendären Gestalt werden. Er gilt als Vater und Begründer des kriminellen Großhandels in Holland. Bart Middelburg, der Kriminalreporter der Zeitschrift *Het Parool* schrieb ein Buch über ihn, welches später auch verfilmt wurde.

Klaas-Jan wuchs bei einem alleinerziehenden Vater auf, der mit dem Jungen schon früh überfordert war. Bruinsma begann als Kleindealer und zog nach diversen Gefängnisaufenthalten sein Geschäft immer größer auf. Ende der Achtziger Jahr lieferte er nach Deutschland, Belgien und Skandinavien. Er importierte seinen Stoff direkt aus Pakistan. Bruinsma war inzwischen der größte Drogenhändler Europas. Seine Organisation setzte pro Tag Millionen um. Neben der Rauschgift-Filiale wurde auch eine Glücksspiel-Abteilung aufgezogen.

Nach seinem letzten Gefängnis-Aufenthalt residierte Bruinsma in einer Suite des Okura-Hotels in Amsterdam und plante ein ganz großes Ding, nach dem er sich zur Ruhe setzen wollte. 1990 wollte er fünfundvierzig Tonnen Hasch (Geldwert, umgerechnet in heutige Währung, fast 200 Millionen Euro) einführen, doch die Polizei fing die Ladung ab.

Danach ging es mit Bruinsma bergab. Sein Kokain-Konsum nahm zu, in seiner eigenen Paranoia wurde er dem Film-Drogenboss Tony Montana immer ähnlicher. Bruinsma wähnte überall Verräter und Konkurrenten. Er litt unter Wahnvorstellungen; auch gesundheitlich ging es mit ihm immer schlechter. Er machte eine immer weniger beeindruckende Figur. Um die Schmerzen zu lindern, trug Bruinsma angeblich einen Hüftgürtel, aber nur wenige wagten es, ihn deshalb aufzuziehen. Es ist schließlich allgemein bekannt, dass Spott über einen Drogenbaron zwar ein gutes Mittel gegen Alterskrebs, aber ansonsten wenig gesundheitsfördernd ist.

In den Morgenstunden des 27. Juni 1991 wurde Bruinsma auf dem Rasen vor dem Hotel Hilton erschossen. Ob es sich bei der Tat um einen Auftragsmord, einen Unfall im Kokain-Rausch oder die Rache eines Konkurrenten handelte, konnte nie genau geklärt werden. Aber der Tod auf dem Rasen des Hotels, in dem John Lennon mit seiner Frau Yoko noch für die Hippieträume von *Peace* und *Happiness* geworben hatte, war ein recht gutes Zeichen dafür, dass die Flowerpower/Räucherstäbchen-Romantik längst verflogen war.

Den Behörden ging die Toleranz in Sachen Drogen recht bald zu weit. Schon 1995 wurde in Amsterdam die Regel eingeführt, dass bestehende Coffee Shops zwar weitergeführt und auch übernommen werden durften – Neugründungen wurden aber untersagt oder zumindest nach Möglichkeit behindert. Diese Politik zeigte recht bald ihre Auswirkungen. Von den 550 Shops, die es 1995 in Amsterdam noch gab, waren im Jahre 2008 nur noch 224 übrig. Wobei man sagen muss, dass selbst in der Zeit höchster Duldung immer klare Grenzen gezogen waren. Abgabe an Minderjährige war nicht gestattet, ebenso keine Werbung. Wer dagegen verstieß, konnte seine (einträgliche) Lizenz verlieren. Auch wurde der Anbau immer besser mit Hubschraubern und Wärmebildkameras kontrolliert.

Es zeigt sich bei diesem Thema auch, dass die Toleranz in Holland nicht gleichmäßig verteilt ist. Die PvdA, die – wie im vorherigen Kapitel gezeigt – bei der Prostitution gerne strengere Maßstäbe anlegen würde, zeigt sich in Drogenfragen oft kompromissbereiter. Die Konservativen und liberalen Parteien hingegen haben kein allzu großes Herz für Kiffer, sehen dafür die Situation im Rotlichtmilieu oft pragmatischer.

Auch wenn immer mal wieder gemeldet wird, dass die Drogentouristen für die Niederlande einen ökonomisch belangreichen Faktor darstellen (und letztlich ist das der Maßstab, an dem in Holland alles gemessen wird), sind die vielfach unmotiviert vor sich hinkiffenden Touris nicht besonders populär. Auf viele Holländer wirken die benebelten Touristen wie Skandinavier auf hiesige Küstenbewohner, die mitansehen müssen, wie sich Besucher aus dem Norden auf der Überfahrt mit einer Fähre so schnell wie möglich die Kante geben. Es gibt sogar nicht wenige Niederländer, die glaubwürdig versichern, noch nie einen Joint geraucht zu haben. Wenn man immer und überall kiffen kann, ist es nicht mehr cool. Weswegen die schärfer angezogenen Zügel der Politik durchaus auf breite Zustimmung stießen. 2012 wurde schließlich beschlossen, in den südlichen Grenzregionen einen sogenannten *Wietpas* einzuführen, der nur noch Einheimischen den Besuch eines Coffee Shops gestattete. Dagegen liefen die Besitzer der Shops natürlich Sturm, außerdem wurde gesagt, dass dieser Pass nur dazu führen würde, dass sich Holländer als Strohmänner für Touristen verdingen, illegale Dealer die Straßen unsicher machen und so noch mehr Belästigungen für die Einheimischen entstehen.

Aber die Politik blieb stur, und als sich die Coffee Shops in Maastricht weigerten, ihre Kunden zu diskriminieren und weiter an jeden verkauften, wurde prompt die Schließung angedroht. Was die Shopbetreiber wiederum publicityträchtig instrumentalisierten. Sie reichten eine Schadenersatzklage beim Innenministerium ein und schlossen demonstrativ ihre Läden umgehend (obwohl ihnen die Behörden eine Frist gesetzt hatten), in der Hoffnung, dass so die Stimmung sich nun gegen die Verbieter wendet.

Tatsächlich ist in Maastricht nach dieser Maßnahme die Zahl der Drogentouristen zurückgegangen. Von anderthalb Millionen auf einige Hunderttausend. Und ebenso gibt es auch mehr illegale Dealer auf den Straßen, die den Touristen ihre Ware anbieten. Allerdings mutmaßt die Polizei, dass einige der Dealer im Auftrag der Coffee Shops unterwegs sind.

Über lange Jahre wurden die Niederlande für ihre lasche Drogenpolitik von den Vereinigten Staaten kritisiert (die Kritik traf auch Designerdrogen – die auch in Holland verboten waren – und die legalisierte Abtreibung). Während man in den USA nun langsam begreift, dass man sich mit dem Drogenkrieg an der Grenze zu Mexiko ein Riesenproblem eingehandelt hat, gibt es wohl in Holland nicht wenige, die am liebsten wieder zum alten Status zurückkehren würden. Von den USA können sie dabei nicht mehr so viel Hilfe erwarten wie früher. Obwohl: Vor kurzem hat der US-Bundesstaat Colorado als einer der ersten Hasch legalisiert. Inzwischen ist man dort mächtig am Züchten – Anbieter und Verbraucher schwärmen, »die Qualität sei besser als in Amsterdam.«

Utrecht

Die Provinz **Utrecht** liegt im Herzen Hollands. Die gleichnamige Stadt ist die Heimat des Liedermachers Herman van Veen und ein alter Bischofssitz. Unternehmer aus aller Welt wallfahren hierher, aber nicht, weil sie geistigen Trost suchen, sondern weil die Steuergesetzgebungen für Firmen in dieser Stadt noch ein wenig paradiesischer sind als im Rest des Landes. Zwischen dem FC Utrecht und Ajax Amsterdam herrscht eine tiefe und innige Feindschaft, vergleichbar mit der zwischen dem FC Schalke 04 und Borussia Dortmund.

Utrecht gehört zu den schnell wachsenden niederländischen Städten; in gut zehn Jahren könnte sie eine halbe Million Einwohner haben. Die Attraktivität entspringt vor allem der Lage, nicht der Schönheit der Stadt. Da Utrecht mitten in der Randstad liegt, kann man von dort so gut wie überall hin pendeln. Egal ob Rotterdam, Amsterdam oder Den Haag, nach einer Stunde Fahrt ist man wieder Zuhause.

Die Provinzfürsten haben einiges versucht, um das Image zu heben, sogar eine Seifenoper wurde in Auftrag gegeben. Populärer ist Utrecht dadurch nicht geworden. Wie in Deutschland gibt es auch in Holland immer wieder Überlegungen, die Ländergrenzen neu zu ziehen und kleine Gebiete zusammenzulegen. Utrecht ist – selbst für holländische Verhältnisse – eine kleine Provinz. Das Problem ist nur: Bis jetzt hat sich noch niemand gefunden, der sich mit ihr zusammenschließen möchte.

Früher wurden weite Teile der Provinz zur Torfgewinnung genutzt. Das mag einen als Information erstmal nicht so vom Hocker hauen, aber tatsächlich findet sich in der Torfgewinnung der Ursprung des holländischen Wohlstands und Aufstiegs im 17. Jahrhundert.

Torf galt damals als wertvolle Energiequelle. Doch das Torfstechen machte den Boden sauer, was in der Summe dazu führte, dass Holland Getreide einführen musste und eine immer größere Flotte aufbaute. Mit der größeren Flotte wuchs der Handel. War anfangs noch Antwerpen der Hafen für die »coolen« Produkte (Gewürze, Edelmetalle) und Amsterdam für das langweilige Zeug (Heringe, Bier) zuständig, lief die holländische Hafenstadt der Konkurrentin bald den Rang ab. Durch ihre Handelsflotte und die über den ganzen Kontinent verbreiteten Niederlassungen waren die Holländer bald in einer Position wie Google und Facebook heute. Sie wussten, was die Leute wollten und wo man es kriegen konnte. Bei ihrer Handelsware waren sie so wenig wählerisch wie bei ihren Handelspartnern. Holland stieg schnell zu einem der größten Sklavenhändler auf und ließ sich durch keinerlei Widrigkeiten davon abhalten, mit dem Erzfeind Spanien Geschäfte zu machen. Es war dann eben nur ein wenig teurer und vermutlich hat es eine Weile gedauert, bis die Spanier erkannten, dass sie mit ihren Rechnungen die Flotte des Gegners finanzierten. Als die Engländer die Portugiesen bedrängten, erkannten die Holländer ihre Chance und stiegen in den Gewürzhandel ein. Mijnheer Peperkorn war geboren. Amsterdam hatte bald zweihunderttausend Einwohner und galt als die drittgrößte Stadt der Welt.

Ein anderer für die Gegend typischer Wirtschaftszweig war die Tabakverarbeitung. In Amerongen gibt es dazu ein Museum. Die berühmten holländischen Marken wie *Drum* und *Van Nelle* haben ihre Wurzeln zwar in Friesland (und heute gehören sie längst zu irgendwelchen globalen Konzernen), aber als in den Dreißigerjahren viele Textilarbeiter ihren Job verloren, wurden sie von den Firmen Rittmeister und Schimmelpennick zu Zigarrenmachern umgeschult.

1713 wurde in Utrecht ein Frieden beschlossen, der ziemlich genau das Ende der niederländischen Großmachtherrlichkeit beschrieb. In dem in den Jahren zuvor ausgefochtenen Streit ging es darum, wer den spanischen Thron besetzen sollte. Schlachtenteilnehmer waren Frankreich, Österreich, Spanien und Holland, das versuchte, mit Großbritannien eine Allianz zu bilden, aber zunehmend als Anhängsel verspottet wurde. Als die Kämpfe vorbei waren, hatten Frankreich und Spanien ihre Vorstellungen durchgesetzt. Holland durfte zwar noch für die Friedensverhandlungen den Ort stellen, hatte aber bei den Bedingungen nichts mehr zu sagen.

Auch aus deutscher Sicht ist die Provinz Utrecht interessant, schließlich gibt es zu ihr vielfältige Verbindungen, die aber fast alle mit dem Hause Hohenzollern zu tun haben. So gesehen ist Utrecht die preußischste Provinz der Niederlande. Die ersten Verwicklungen gab es Ende des 18. Jahrhunderts. Der niederländische Wilhelm V. war mit Wilhelmina, der Schwester des preußischen Königs, verheiratet. Allerdings hatte Wilhelm in Holland nicht viel zu sagen. Im Vorfeld der französischen Revolution rumorte es mächtig im Lande, und dass der Statthalter vor allem auf seinen Berater, den Herzog von Braunschweig, hörte, machte die Sache auch nicht leichter. Das Staatsoberhaupt verbrachte daher die meiste Zeit im Exil. Damit wollte sich seine Gattin Wilhelmina jedoch nicht abfinden. Sie hatte den Häuptling von Holland geheiratet, also wollte sie in Den Haag residieren und nicht in Braunschweig oder sonst wo. Da ihr Gatte nicht zu einer Rückkehr zu bewegen war, setzte sich Wilhelmina eigenmächtig mit königlichem Gefolge in Bewegung.

In Hekendorp, einem kleinen Ort in der Provinz Utrecht, traf sie mit den Einheimischen zusammen. Die hatten von ihrer Reise und ihren Plänen gehört; wer mit so großer Entourage reist, bleibt nicht lange unentdeckt. Die Niederländer empfingen die Gattin ihres Oberhaupts zwar freundlich, hatten ihren König in der Fremde aber lieber als Zuhause und schickten die Prinzessin wieder nach Nimwegen zurück.

Da ihr Alter nicht auf sie hören wollte, beschwerte sich Wilhelmina bei ihrem Bruder, dem preußischen König. Der setzte zwanzigtausend seiner langen Kerls in Marsch. Die sollten Amsterdam belagern und die Ansprüche des Statthalters durchsetzen. Das gelang, führte aber zu einer ersten großen Abneiungswelle gegen alles Deutsche (insbesondere Preußische).

Während des Ersten Weltkrieges hatte Kaiser Wilhelm II. sein Hauptquartier im belgischen Spa. Nachdem er im Zuge der Novemberrevolution von 1918 abgesetzt worden war, hatte er wenig Lust, nach Deutschland zurückzukehren. Er bat in Holland um Asyl, seinem Antrag wurde stattgegeben. Da die Provinz Utrecht mit Schlössern nicht schlecht versorgt ist, fand der Kaiser hier Obhut. Der Kaiser wohnte für ein paar Monate in Amerongen, bis er sich für das Schloss in Doorn entschied.

In neunundfünfzig Eisenbahnwaggons ließ er seinen Hausrat aus Berlin und Potsdam kommen und richtete sich in seiner neuen Heimstätte ein. Bis zu seinem Tode sollte der Ex-Kaiser in Doorn mit seinen Frauen leben. Sein Sohn – den er nicht ausstehen konnte – war anfangs auch in die Niederlande geflohen. Klugerweise wohnten die beiden nicht zusammen, nach ein paar Jahren ging der Sohn nach Deutschland zurück.

Frankreich hätte nur zu gern gesehen, dass der deutsche Kaiser in Den Haag vor dem Internationalen Strafgerichtshof – wie Jahrzehnte später der serbische Staatschef Milosevic – als Kriegsverbrecher angeklagt würde, doch die Niederlande ließen den ehemaligen Imperator in seinem Exil in Doorn, wo er seine Zeit mit Blumenzüchten und Holzhacken zubrachte; einmal erhielt er sogar demonstrativen Besuch von der niederländischen Regentin Juliana. Das brachte den Niederländern Kritik ein. Der holländische Regierungschef Colijn wurde ob seiner Deutschenfreundlichkeit unter britischen Diplomaten »*Caught Unter den Linden*« genannt. Auf holländischer Seite dürfte man darin einen Garanten der eigenen Unabhängigkeit gesehen haben. Holland sah sich damals als eine Insel der Seligen, die sogar noch eine auf dem europäischen Festland beinahe exklusive Zeitzone hatte. Die Uhren tickten wie in England, was irgendwie logisch war, denn schließlich war man immer noch eine Seemacht, der die Landmächte des Kontinents nichts anhaben konnten.

Aus der Sicht mancher Nachgeborener gehörte der letzte deutsche Kaiser, der nach dem Rausschmiss Bismarcks Deutschland zielsicher vereinsamte und zwischen zwei Fronten manövrierte, zu den großen Verlierern der Geschichte. Vergleichbar mit dem britischen König George III., der die Kolonien in Nordamerika verlor, oder Gorbatschow, dem der Ostblock um die Ohren flog. Seine Majestät sah das naturgemäß anders. Er war der Überzeugung, dass Deutschland ohne ihn vor die Hunde gehen würde und wartete noch lange darauf, dass ihn der Ruf aus der Heimat erreichen würde und er seinen alten Thron wieder besteigen könnte.

Doch der Ruf blieb aus und Ihre Majestät ergab sich dem komfortablen Exil und verbrachte die Zeit vor allem mit Nörgeln. Dem Kaiser konnte kaum jemand etwas recht machen. Er mäkelte an den Holländern herum, an den Deutschen ließ er ohnehin kein gutes Haar. Seiner Meinung nach steuerten sie schnurstracks in die Katastrophe, womit er recht behalten sollte – wenn auch nicht so, wie er dachte.

Auch nach Hitlers Machtergreifung gab er die Hoffnung nicht auf und war tief enttäuscht, als Hindenburg die Amtsgeschäfte an den böhmischen Gefreiten übergab. Als die deutschen Truppen 1940 in Holland einmarschierten, wurde der Kaiser von den Niederländern unter sehr komfortablen Bedingungen in seiner Residenz interniert. Informationen von der Außenwelt drangen keine zu ihm, weshalb er lange über den Kriegsverlauf im Unklaren blieb.

Allerdings lehnte er auch das Angebot seiner angelsächsischen Verwandten ab, die ihm auf der Insel Exil boten. Wie so mancher Deutsche hatte Wilhelm in Holland viel zu meckern, fühlte sich am Ende aber doch ganz wohl.

Als eines Morgens die holländischen Wächter verschwunden waren und deutsche Soldaten vor dem Portal aufmarschierten, überkamen Majestät Tränen der Rührung. Er sprach von »seinen Soldaten« und versuchte, sich mit einem Glückwunschtelegramm an Hitler heranzuwanzen. Der Reichskanzler reagierte kühl. Keine Aussicht auf triumphale Rückkehr. Nun hoffte der Kaiser noch auf die royalistischen Gefühle der Offiziere. Auch diese Hoffnungen wurden enttäuscht.

Der Kaiser starb ein knappes Jahr später, kurz vor dem Einmarsch der Deutschen in die Sowjetunion. Hitler bot den Hinterbliebenen ein Staatsbegräbnis in Deutschland an – mit einem toten Kaiser hätte er sehr gut leben können – aber Wilhelm hatte testamentarisch verfügt, dass sein Leichnam erst nach Deutschland zurückkehren sollte, wenn dort wieder eine Monarchie herrscht. Also wurde für die sterbliche Hülle des letzten deutschen Imperators auf Haus Doorn ein Mausoleum errichtet.

Im Jahre 1943 erließ die holländische Exil-Regierung ein Gesetz, dem zufolge alles feindliche Vermögen zum Zwecke der Wiedergutmachung konfisziert werden konnte. Als die Alliierten die Rückkehr der Königsfamilie ermöglicht hatten, fiel auch das Haus Doorn unter das Gesetz.

Es gehört nun dem holländischen Staat und wird von diesem auch als Gedenkstätte betrieben. Viel springt dabei vermutlich nicht heraus; immer wieder gehen Meldungen von bevorstehenden Subventionskürzungen durch die Presse und immer wieder wird von Schließung gemunkelt. Die Hohenzollern hätten gern, wenn das Haus wieder in ihren Besitz übergehen würde, aber bislang hatten sie mit ihren Bemühungen keinen Erfolg.

Im Norden von Doorn liegt **Amersfoort**, eine dieser typischen kleinen holländischen Großstädte (um die hunderttausend Einwohner). Als der IC von Berlin noch nicht direkt zum Amsterdamer Hauptbahnhof fuhr, sondern zum Flughafen Schiphol, war hier die letzte Möglichkeit umzusteigen, wenn man in die Stadt wollte. Und aus diesem Grund ist die Stadt auch den meisten Niederländern vertraut. Fast jeder ist hier schon einmal umgestiegen. Aber immerhin gibt es darüber hinaus auch ein Belgier-Denkmal (Oranjelaan, www.gildeamersfoort.nl/cmsms/index.php?page=belgenmonument), um das sich eine interessante Geschichte rankt.

Kurz nach Ausbruch des Ersten Weltkrieges flüchteten 1914 viele Belgier vor den Kriegsgräueln nach Holland. In der Gegend um Amersfoort fanden sich bis zu zwanzigtausend Flüchtlinge ein. Da man anfangs noch nicht wusste, wie lange sie bleiben würden und was man mit ihnen machen sollte, beschloss man, dass sie an einem Denkmal bauen sollten, welches an ihre Flucht erinnern sollte. Die Bauarbeiten begannen, aber die meisten Belgier kehrten schon nach einem Jahr wieder in ihre Heimat zurück. Die Arbeiten an dem Denkmal wurden 1917 beendet. Ursprünglich sollte es nach dem Krieg feierlich vom belgischen König und der holländischen Königin eingeweiht werden, als Symbol für das brüderliche und freundschaftliche Verhältnis der beiden eng verwandten Völker.

Das Problem war nur, dass das Verhältnis der beiden Nationen zu diesem Zeitpunkt nicht so besonders freundlich war. Belgien hatte unter dem Krieg mit Deutschland gelitten, sah sich nach dem Ende aber als Teil der Koalition der Sieger. Hollands Neutralität wurde nun als stillschweigende Kollaboration mit Deutschland ausgelegt. Also beanspruchte Belgien als Wiedergutmachung den südlichen Teil der Provinz Zeeland. Das kam in den Niederlanden nicht so gut an. Erst 1938 wurde das Denkmal vom belgischen König Albert und der niederländischen Königin Juliana eingeweiht. Es sieht ziemlich imposant aus.

Die Verwandtschaft aus dem Süden

Das Verhältnis der Belgier (lies hier: Flamen) und Holländer ist nicht einfach zu beschreiben. Deutschland hat auf dem Festland in Europa neun Nachbarstaaten. Das gibt viel Spielraum für Nuancen und Möglichkeiten, sich in die Nesseln zu setzen. Die Niederlande haben auf dem Land nur zwei. Die *Oosterburen* (das sind wir) und die südlichen Nachbarn, eben die Belgier. Was die Holländer von uns halten, kann jeder für sich selbst herausfinden – bzw. dazu später mehr. Und was die Belgier betrifft ...

Als auf dem Wiener Kongress 1815 die Grenzen Europas neu geordnet wurden, gab es für ein paar Jahre auch den Versuch eines groß-niederländischen Reiches. Das Land wurde mit Belgien vereinigt, und für einen kurzen Moment lebten alle Menschen, deren Muttersprache das Niederländische war, in einem Land. Doch das Glück währte nicht lange. Bismarck hatte sich in Deutschland dagegen entscheiden, auch die Österreicher in sein Deutsches Reich zu holen. Er fürchtete, dass ein katholisches Übergewicht die Dominanz der protestantischen Preußen gefährden könnte. Möglicherweise waren die Entwicklungen in den Niederlanden ihm Warnung genug gewesen. Denn als die Holländer in Belgien ihr Schulsystem einführen wollten, gab es Widerstände vonseiten der Kirche, die aber bald auf das ganze Volk übergriffen. Am Ende kam es in Brüssel zu Straßenschlachten, die mehrere tausend Tote zur Folge hatten. Schließlich zog sich Holland auf seine ursprünglichen Grenzen zurück und Belgien feierte seine Unabhängigkeit. An diesem kurzen Zwischenspiel als gescheiterte Besatzungsmacht ist vor allem bemerkenswert, dass es im niederländischen Selbstverständnis so gut wie keine Rolle spielt.

Das Belgien-Bild der Holländer ist dem der Deutschen von Österreich nicht unähnlich. Man liebt den flämischen Dialekt, der in holländischen Ohren sanfter und charmanter klingt, schätzt die belgische Küche und auch das belgische Bier, obwohl das für die, die mit dem deutschen Reinheitsgebot aufgewachsen sind, nicht ganz nachvollziehbar ist. Aber ob im Umgang mit den Nachbarn immer Respekt mitschwingt?

Als die Sexualstraftaten des Belgiers Marc Dutroux publik wurden, der gemeinsam mit seiner Frau minderjährige Mädchen missbrauchte und gefangen hielt, gab es in Holland eine neue Welle Belgierwitze, die teilweise recht bösartig und sehr schwarzhumorig waren. Und es tat selbstverständlich sehr gut, in dem Glauben und einem Staatswesen zu leben, in dem solche Verbrechen – auch aufgrund der allseits zelebrierten Transparenz und Offenheit – schlechterdings nicht möglich sind.

Ende 2010 kam man in den Vereinigten Staaten einem Kinderpornoring auf die Spur. Im holländischen Äquivalent zu *Aktenzeichen XY* wurde das Foto eines zweijährigen Jungen mit einem Stofftier gezeigt. Die Spur führte nach Amsterdam, am selben Abend wurde ein Verdächtiger festgenommen, der in der Kindertagesstätte *'t Hofnarretje* (das Hofnärrlein) als Erzieher arbeitete. Anfangs wurde von 30 bis 50 Missbrauchsfällen gesprochen, bis jetzt hat der Hauptverdächtige Robert M. dreiundachtzig Taten zugegeben. Der Vorfall erschütterte das Land. Das Thema beschäftigt immer noch die Anwälte. Opfer verlangen Aufklärung und Genugtuung, und natürlich drängte sich immer wieder die Frage auf, ob das Umfeld des Mannes, der mehrere Webseiten betrieb, wirklich so ahnungslos war, wie es sich gab.

Die Kindertagesstätte wurde geschlossen, es gab mehrere Versuche, sie unter neuem Namen wieder zu eröffnen, aber – möglicherweise nicht völlig überraschend – ohne Erfolg. Jetzt stehen die Räume leer und warten auf einen neuen Nutzer.

Natürlich lachen Holländer immer noch gern. Und sie machen weiterhin Witze über Belgier. Die Witze sind manchmal gut, wenn auch natürlich nicht immer politisch korrekt. Kurz nach den Flugzeug-Attentaten vom 11. September 2001 machte zum Beispiel ein Gag über einen belgischen Selbstmordattentäter die Runde, der sich für seinen Anschlag einen Paraglider als Tatwaffe ausgewählt hatte, weshalb es auch nur einen Toten gab. Die meisten Witze gehen allerdings eher in Richtung der früher weit verbreiteten Ostfriesen-Späße. Spätestens nachdem man ein halbes Dutzend gehört hat, hat man das Gefühl, bereits alle zu kennen.

Und allen Beteuerung von Niederländern zum Trotz, dass sie die Belgier *»schattig«* – also niedlich – finden: Es beschleicht einen das Gefühl, dass die südlichen Nachbarn nicht ganz ernst genommen werden. Dann doch lieber *Osterbuur* sein, mit allen Vor- und Nachteilen.

Wijk bei Duurstede ist ein weiteres Städtchen im Umland von Amersfoort, über das es eigentlich nichts Besonders zu berichten gibt. Es ist vor allem für Archäologen interessant, denn in der

Nähe befinden sich die Überreste einer Wikingersiedlung, die auf ihren Raubzügen um die erste Jahrtausendwende bis hierher gekommen sind. Ich erwähne das nur, um in Erinnerung zu rufen, dass es in den Niederlanden auch Orte gibt, an denen man sich an die Invasion von anderen erinnern kann.

Das zwischen Utrecht und Amersfoort gelegene **Zeist** ist als Stadt ebenfalls nicht besonders groß, aber für die Gegenwart immerhin äußert folgenreich. Hier wurde der niederländische Fußballverband gegründet und hier hat der Vorstand auch noch heute seinen Sitz. Die modernen Gebäude sind optisch und architektonisch interessant. Dem fußballinteressierten Besucher aus Deutschland fallen hier besonders die Übungsplätze ins Auge, die speziell fürs Elfmeterschießen eingerichtet wurden. Auf diesen Halbfeldern wurde die Entfernung zwischen Torlinie und Elfmeterpunkt auf neun Meter verkürzt und der Torbalken befindet sich in der luftigen Höhe von 3,50 Meter.

Der ewige Zweite

Gefühlt scheint die Rivalität zwischen dem deutschen und dem holländischen Fußball schon seit Ewigkeiten zu bestehen, dabei ist diese Konkurrenz gar nicht *so* alt. Und auch wenn es manchmal so scheint, als wäre der Wettbewerb vor allem deshalb so groß, weil deutsche und holländische Teams quasi im Gleichschritt über das Feld marschieren und überall dieselben Titel beanspruchen, gibt es auch hier einige bemerkenswerte Unterschiede.

Bis zum Ende der Sechzigerjahre des letzten Jahrhunderts war Holland auf der Weltkarte des Fußball ein weißer Fleck. Die Nationalmannschaft wurde vielleicht ernster genommen als die von Malta, aber ansonsten spielte sie in einer Liga mit Finnland und Konsorten. Rinus Michels, der holländische Nationaltrainer, fuhr 1970 auf eigene Kosten nach Mexiko, um sich zu informieren, und über Johan Cruijff wird heute noch erzählt, dass sein Land die Qualifikation verpasste, weil er mit seiner Frau Schuhe kaufen ging (sie besaß ein Schuhgeschäft, es war also immerhin ein dienstlicher und kein privater Grund für seine Abwesenheit).

Zu dieser Zeit lag den Niederländern der Vereinsfußball noch viel mehr am Herzen. Gemäß der landläufigen Erkenntnis, dass das Leben am besten in geregelten Bahnen verläuft, wenn man sich so selten wie möglich über den Weg läuft, hatte oft jede soziale oder religiöse Gruppe ihren eigenen Fußballverein. So stand das in vielen Vereinsnamen vorkommende RK für »Römisch-Katholisch«. Daneben gab es auch freie Vereine, die sich keiner besonderen Gruppierung verpflichtet fühlten – der größte Verein aus dieser Kategorie war und ist Ajax Amsterdam.

Zwischen Ajax und Feyenoord Rotterdam entwickelte sich eine Rivalität, bei der es nicht um Punkte und Pokale ging, sondern auch um Spielphilosophien. Ajax erinnerte immer ein wenig an die schlampigen Genies von Bayern München aus der Beckenbauer-Ära, während Feyenoord für einen mehr proletarischen Zugriff stand, wie er hierzulande durch Klubs wie Schalke und Borussia Dortmund verkörpert wurde. (Obwohl natürlich mittlerweile selbst Außenstehende wissen, dass die beiden Vereine – genau besehen – gar nichts, aber auch gar nichts miteinander gemein haben.) Als dritter Verein stieß später der PSV Eindhoven zu dieser Spitzengruppe hinzu. Allerdings wurde die Philips-Werkself von der Konkurrenz gerne geschmäht und nicht ganz für voll genommen. Man kann also im PSV eine Art Mix aus Bayer Leverkusen und VfL Wolfsburg sehen, allerdings mit deutlich mehr Titeln.

Unterhalb der Beletage gab es immer wieder niederländische Fußballvereine, die auf europäische Ebene für Aufsehen sorgten. So zum Beispiel der FC Twente, der sich in den Siebzigerjahren des letzten Jahrhunderts erst im Finale des UEFA-Cups Borussia Mönchengladbach geschlagen geben musste. In den Neunzigerjahren gelang es dem Nachfolger dieses Vereins, unter dem deutschen Trainer Hans Meyer wieder in ähnliche Höhen vorzustoßen.

Profi-Fußball wurde in Holland früher eingeführt als in Deutschland. Schon 1954 gab es die ersten bezahlten Kicker, allerdings war der holländische Verband in dieser Frage genauso konservativ wie der DFB. Das bezahlte Fußballgeschäft wurde von den Klubs quasi erzwungen. Als der Verband sich weigerte, scherten acht Vereine aus und gründeten eine eigene Liga. Dann knickte der Verband ein und die Klubs kehrten zurück. Legionäre, wie es sie in Deutschland mit dem in Italien spielenden Karl-Heinz Schnellinger (in Fußballkreisen besser bekannt unter seinem Künstlernamen »Ausgerechnet Schnellinger«) gab, wurden allerdings vom Verband bei Länderspielen lange Zeit als eine Art Verräter gesehen und ignoriert.

Jeder Verein hat natürlich Fans, und wie es im Fußball üblich ist, werden die Klubs von den Gegnern mit Spitznamen versehen, die alles andere als schmeichelhaft sind. PSV Eindhoven wurde in dieser Frage von der Konkurrenz noch ganz gut bedient. Die Brabanter wurden als *boeren* (Bauern) beschimpft. Bei Feyenoord wird es ekliger, die heißen bei der Konkurrenz *Kakerlaken*. Bei Ajax Amsterdam wird's dann eigenartig, das sind die *Juden*.

Ich habe mehrere Leute vom Fach gefragt, wie es zu diesem Spitznamen kam, aber eine eindeutige Erklärung wusste keiner. Tatsache ist, dass Ajax immer zu seinen jüdischen Wurzeln gestanden hat, sich aber als eben quasi überkonfessioneller Klub nie als *der* jüdische Verein von Amsterdam gesehen hat. Andere Erklärungsversuche meinen, es könnte damit zu tun haben, dass früher, wenn die gegnerischen Supporter am Bahnhof in Amsterdam ankamen, sie auf dem Weg nach Watergraafsmeer durch das jüdische Viertel am Waterlooplein mussten (wenn sie zu Fuß gegangen sein sollten, was aber eine beachtliche Strecke gewesen wäre). Tatsache ist jedoch, dass es in den Sechzigerjahren einen dezidiert rassistischen Vorfall gab, in dem ein Spieler von Ajax von einem Gegner beschimpft und somit das alte Klischee wieder aufgebracht wurde.

Nun kann mit Beschimpfungen unterschiedlich umgegangen werden. Die PSVler, die von den anderen als »Bauern« verhöhnt werden, kontern damit, dass sie sich selbst als »Über-Bauern« (*superboeren*) feiern, ob die Feyenoorder sich als Mega-Kakerlaken fühlen, weiß ich nicht, aber unter dem harten Ajax-Fan-Kern wurde die Beschimpfung adoptiert. Und als gegnerische Fans beim Auflaufen der Spieler das Geräusch einströmenden Gases imitierten, begannen die Fans, sich selbst als »Super-Juden« (*superjoden*) zu bezeichnen.

Auf Vereinsseite ist man mit dieser Entwicklung niemals ganz glücklich gewesen. Selbst wenn man den kreativen Umgang mit der Schmähung goutiert, bleibt doch angesichts des geschmacklosen Umgangs mit der Geschichte ein zumindest schaler Nachgeschmack zurück. Die Erklärung, dass in Holland im Umgang mit dem Zweiten Weltkrieg andere Sensibilitäten herrschen als in Deutschland, überzeugt nicht ganz. Gerade die Aufarbeitung der deutschen Besatzungszeit ist Teil des Selbstverständnisses mehrerer Generationen.

Aber fest steht auch, dass ein gewichtiger Teil der Anhänger von Ajax von dem einstigen Schmähruf der Anderen nicht lassen will. So scheint derzeit keine Lösung in Sicht.

Der niederländische Vereinsfußball schlug sich in den Sechzigerjahren des vergangenen Jahrhunderts schon wacker, und in den Siebzigern ging es dann richtig los. 1970 gewann Feyenoord Rotterdam den Pokal der Landesmeister (dem Vorgänger der Champions-League) und die folgenden drei Jahre blieb der Henkelpott im Besitz von Ajax Amsterdam. Die beiden Teams schienen vorwegzunehmen, was dann in Deutschland Bayern München und Borussia Mönchengladbach durchspielten. Eine den Kontinent dominierende Macht (auch Bayern gewann darauf dreimal den Pokal der Landesmeister in Folge), die sich lokal nur eines leidlich ernstzunehmenden Konkurrenten erwehren musste.

Neben der Konkurrenz mit Feyenoord gab es lange Zeit auch noch eine innerstädtische in Amsterdam. Neben Ajax gab es Blau-Weiß und einen Verein mit dem seltsamen Namen DWS (Durch Willenskraft Stark) - und noch einen vierten, dessen Namen ich vergessen habe. Diese Klubs trugen in frühen Nachkriegsjahren quasi die Stadtmeisterschaft unter sich aus. Im Olympia-Stadion gab es dann - wie in einer Revue - zwei Spiele an einem Tag; Fans schwärmen noch heute von unvergesslichen Begegnungen vor sechzigtausend Zuschauern (laut Statistiken fasste das Olympia-Stadion damals allerdings nicht mal dreißigtausend Zuschauer, aber vielleicht verklärt die Erinnerung - möglicherweise wurden auch die Besucher beider Spiele zusammengezählt).

Allerdings wurden diese Begegnungen bald langweilig - Ajax gewann zu oft, weshalb sich die anderen drei zum FC Amsterdam zusammenschlossen. Was aber auch nicht mehr Siege brachte und irgendwie nicht mehr so schön war wie früher. Seelisch fühlte man sich bei Ajax sowieso schon immer Sparta Rotterdam näher. Nicht nur die hellenischen Assoziationen im Vereinsnamen brachten die beiden Klubs einander näher, sondern auch die Auffassung vom schönen Spiel. Diese Verbindung lebt heute noch im Herzen vieler Anhänger weiter, auch wenn Sparta inzwischen in einer der unteren Ligen herumkrebst.

Im Gegensatz zu den Klubs war die Nationalmannschaft bei der Europameisterschaft 1972 noch keine ernstzunehmende Größe. Das änderte sich erst, als sich Superstars wie Johan Cruyff dazu bequemten, sich auch jenseits ihres Klubs zu engagieren, und die

Kicker-Auswahl schließlich doch die Qualifikation zur Weltmeisterschaft beim westlichen Nachbarn geschafft hatte.

Die WM, die Holland im Endspiel gegen das ungeliebte Deutschland verlor, begründete gleich mehrere Mythen. Cruyff wurde zum internationalen Superstar, der in Barcelona einen Fußballstil begründete, der lange Zeit das Maß aller Dinge war. Der Spieler Johnny Rep war hingegen einer der ersten, der einen weiblichen Fanklub hatte und somit dem bislang von Männern dominierten Unterhaltungsereignis auch neue Publikumsschichten erschloss.

Je erfolgreicher Holland bei der WM 1974 war, desto mehr Farbfernseher wurden verkauft. Ja, man kann sagen, dass Farbfernsehen in den Niederlanden erst mit diesem Sportereignis richtig durchgesetzt wurde. Und nur einige griesgrämige Kommentatoren vermerkten, dass die meisten der verkauften TV-Geräte deutsche Modelle waren. Auch da hat sich einiges geändert. Gibt es überhaupt noch deutsche Fernseher?

Holländische Fußball-Fans hatten inzwischen zur Kenntnis genommen, dass ihre Vereine auch im europäischen Maßstab achtbar abschnitten, aber tief im Herzen schlummerte die Befürchtung, dass man am Ende mit den ganz Großen doch nicht würde mithalten können. Nun zeigte sich, dass das Gegenteil der Fall war. Johan Cruyff, der vor dem Turnier noch Spitzenteams wie Chile oder die DDR zu den Favoriten zählte, musste nun erleben, dass er selbst ein bewundertes Idol geworden war. Eine Endspielteilnahme Hollands hielten Experten für gesichert, den Titelgewinn für wahrscheinlich.

Als sich diese Erkenntnis in holländischen Kicker-Kreisen durchsetzte, schlug das Pendel in die andere Richtung aus. Statt einfach nur mitzuhalten und dabei zu sein, wollte man nun gewinnen. Und eigentlich nicht nur gewinnen, sondern dominieren. Zu einem Sieg sollte nun auch das Erniedrigen und Bloßstellen des Kontrahenten gehören. Das sind bei Lichte betrachtet keine sonderlich charmanten Eigenschaften, aber dort, wo im Herzen der Zweifel wohnte, war eben auch die unterbewusste Überzeugung zu Hause, dass man eigentlich – eigentlich! – doch besser war als der Rest, allein hatte es bislang noch keine Gelegenheit gegeben, dieses Faktum zu beweisen.

Und so wurde bei der damals noch in Westdeutschland und Westberlin stattfindenden Fußballweltmeisterschaft der noch heute in Holland weitverbreitete Glaube begründet, im Fußball gäbe es so etwas wie Haltungsnoten. Eine Mannschaft, deren Spiel am ansehnlichsten ist, müsse zwangsläufig auch alle Titel gewinnen. Da das offensichtlich nicht der Fall ist, schlug die Stunde der Dolchstoßlegenden.

Während der DFB seine erwachsenen und mit einem beträchtlichen Ego ausgestatteten Spieler wie Jünglinge in einem Schullandheim internierte, logierten die Holländer in einem Hotel mit dem zwar etwas betulichen Namen *Krautkrämer*, hatten aber ansonsten alle Freiheiten. Das Spielerquartier stand den Frauen und Kindern der Fußballer offen und wenn Partys nach den allfälligen Siegen gefeiert wurden, war auch mal eine Band dabei.

Besonders heiß her ging es, als Holland nach dem 2:0 Sieg gegen die DDR den Einzug ins Finale geschafft hatte. (Finalgegner war die Bundesrepublik. Die DDR hatte die Bundesrepublik 1:0 besiegt. Die Niederlande die DDR 2:0. Irgendwelche Zweifel, wie das Finale ausgehen wird? *Nog vragen?*) Gefeiert wurde auch am Pool, auf Badesachen wurde dabei verzichtet – und von den anwesenden Frauen waren nicht alle mit den Fußballern liiert. Diese und andere pikante Details wurden von der *BILD* genüsslich ausgebreitet, was in den Familien der Spieler, die verheiratet waren, zu mittelgroßen bis schweren Krisen führte.

Es gibt noch heute Holländer, die meinen, die Niederlage ihres Teams im Finale hätte auch mit der psychologisch-medialen Kriegsführung vonseiten der Deutschen zu tun gehabt. Wozu man anmerken darf, dass ein Seitensprung nicht ungeschehen wird, indem man ihn einfach verschweigt.

Ein holländischer Münzfabrikant hatte schon vor dem Finale Münzen mit dem Aufdruck »Holland – Weltmeister« prägen lassen. Nach der Niederlage wollte er den ganzen Satz zerknirscht einschmelzen lassen, konnte dann aber zu seiner Überraschung feststellen, dass die Nachfrage nach der Niederlage sogar noch anstieg. Die Holländer hatten sich bei dieser WM zum ersten Mal voll mit ihrem Nationalteam identifiziert und der Münzaufdruck artikulierte nur, was viele dachten: »Sie waren die Besten gewesen.« Die Niederlande sahen sich als Weltmeister der Herzen.

Ein anderer Mythos, der sich um den holländischen Fußball rankt, behauptet auch, dass die niederländischen Kicker immer irgendwie linker gewesen seien als ihre deutschen Gegenspieler. Da gab es zwar den mit dem chinesischen KP-Führer Mao kokettierenden Paul Breitner, der sich aber mit Uli Hoeneß zur selben Zeit problemlos eine WG teilte. Der spätere Bayern-Manager hatte auch damals schon aus seiner Sympathie und Nähe zur CSU keinen Hehl gemacht – und mit dieser Vorliebe war er in der deutschen Auswahl nicht allein. Dahingegen stimmt es, dass viele holländische Fußballer aus ihrer proletarischen Herkunft aus den Problemvierteln von Amsterdam und Rotterdam keinen Hehl machten und sich – wenn sie sich überhaupt für Politik interessierten – links von der holländischen Sozialdemokratie verorteten. Als sie jedoch nach der Finalteilnahme von der Königin empfangen wurden, brachten sie bei der Audienz ein Thema zur Sprache, welches nicht unbedingt zum Kern der linken Agenda gehört: Sie beklagten sich bitterlich über die hohen Steuersätze für die Reichen, unter denen sie als Besserverdienende mittlerweile zu leiden hatten.

Bei der WM vier Jahre später in Argentinien stand Holland erneut im Finale. Diesmal gab es im Vorfeld Probleme. Der Kabarettist Freek de Jonge hatte mehr aus einer Laune heraus dazu aufgerufen, dass die Niederlande eine WM im Land der argentinischen Diktatoren boykottieren sollten. Wie ernst es ihm mit diesem Aufruf war, ist im Nachhinein schwer einzuschätzen, aber Tatsache ist, dass er die niederländischen Offiziellen mit seinen Aktionen in Erklärungsnot brachte. Verband wie Politik fanden keine vernünftige Strategie gegen den – in ihren Augen – Stänkerer, und beim Publikum galten der Kabarettist und seine Freunde als Spielverderber.

Am Ende unterlag Holland dem Gastgeber Argentinien unter – na, sagen wir mal – bemerkenswerten Umständen. Nun entschloss sich der Verband, ein Zeichen gegen die in Argentinien herrschende Militärdiktatur zu setzen und blieb demonstrativ dem Siegerbankett fern.

Wenn das wirklich als politische Geste gemeint war, ging diese Aktion gründlich nach hinten los. Holland galt fortan nicht nur als Verlierer, sondern auch als ein Team, das mit Niederlagen nur sehr schlecht umgehen kann.

Wenn man sich diese Vorgeschichte ins Gedächtnis ruft, wird die Euphorie über den Gewinn der Europameisterschaft 1988 in damals noch West-Deutschland verständlicher. Der bislang einzige Titel musste für viele Niederlagen und Enttäuschungen entschädigen. Während Rainer Bonhofs Schwalbe aus dem Finale 1974 immer noch gern thematisiert wird, findet man in Holland wenige Leute, die bereit sind, über den Kunstflug des holländischen Verteidigers zu sprechen, der zum Ausgleich im Halbfinalspiel gegen Deutschland führte. Überhaupt ist in der Erinnerung der holländischen Fußballfans das Halbfinalspiel gegen den Erzrivalen *das* entscheidende Match gewesen. Der Finalsieg gegen die Sowjetunion war da schon gar nicht mehr so wichtig.

Zu dem nächsten Aufeinandertreffen bei der WM in Italien, der Spuckattacke Rijkaards gegen Rudi Völler, ist schon so viel gesagt worden, dass man hier nicht noch darüber schreiben muss. Aber die Klischees wurden auch in den Neunzigerjahren des letzten Jahrhunderts weiter gepflegt. Während die deutschen Legionäre in den Siebzigern bei Real Madrid spielten und somit ihre Angepasstheit demonstrierten, kickten die Holländer beim aufmüpfigen FC Barcelona. Dass dann in den Neunzigern Van

Basten, Gullit & Co. für Berlusconis AC Milan gegen das Leder traten, passte natürlich überhaupt nicht in dieses Selbstbild. Mittlerweile sollte nachvollziehbar sein, dass es sich hier eben vor allem um Legenden handelt.

1995 Jahre gelang Ajax Amsterdam noch einmal der Gewinn der Champions League. Für einen Moment sah es so aus, als würden alten Zeiten noch einmal aufleben, aber dann kam das Bosman-Urteil, das viele der kleineren Vereine zum Spielball der Stars und ihrer Berater machte. 1990 hatte der belgische Profi Jean-Marc Bosman gegen seinen Arbeitgeber geklagt, weil der ihn nicht zu einem anderen Verein ziehen lassen wollte. Die Sache ging zum Europäischen Gerichtshof. Bosman gewann – seit 1995 gelten Verträge im Profi-Fußball nur noch so lange, bis sich ein Verein findet, der bereit ist, eine ausreichend hohe Ablösesumme zu zahlen. Ein anderer Grund, weshalb die niederländischen Vereine nicht mehr mit den ganz großen mitspielen können, sind die Fernsehgelder. Zwar wird ein Spieltag der *Eredivisie* über so viele Tage der Woche gestreckt wie nur irgend möglich. Eine Bewegung wie Pro 15:30, die für möglichst einheitliche Anstoßzeiten am Samstagnachmittag kämpft, würde in Holland nur Kopfschütteln verursachen, hier ist es klar, dass das Fernsehen mit seinen Ansprüchen die Spielplangestaltung bestimmt. Trotzdem reichen die TV-Gelder nicht aus, um mit den großen Ligen zu konkurrieren. Die Saison-Etats der großen Drei liegen derzeit bei etwa sechzig Millionen Euro; damit kann man überleben, aber die Spitze bleibt in weiter Ferne. Zwischenzeitlich gab es deshalb immer wieder Überlegungen, eine Benelux-Liga zu gründen, die dann die Gegnerschaft von Traditionsvereinen wie Standard Lüttich oder RSC Anderlecht hätte. Auch Schottland, welches fußballerisch ja auch unter einer Monokultur leidet, hätte man zur Teilnahme eingeladen – allerdings wurde aus diesen Plänen nie etwas. Finanziell hätte man mit so einer Nordeuropa-Liga möglicherweise besser dagestanden, allerdings wagte sich niemand vorherzusagen, wie die Fans auf die neue Konstellation reagieren würden.

Vom legendären Ente Lippens über Kees Bregman, Ruud van Nistelrooy bis zu Raphael van der Vaart oder auch Trainern wie Huub Stevens oder Louis van Gaal – oder Jos Luhukay, dem es tatsächlich gelang, einen an chronischer Selbstüberschätzung leidenden Verein wie Hertha BSC wieder zurück in die Bundesliga zu befördern –, niederländische Fußball-Experten haben den hiesigen Sport bereichert. Wenn man allerdings das Gespräch mit ehemaligen fußballerischen Gastarbeitern sucht, trifft man dort auf nicht wenige Widerstände und Vorbehalte. Das hat weniger mit dem Coup der *BILD* bei der WM '74 zu tun. Gerade in Kreisen, die sich sportfeuilletonistisch, liberal und aufgeklärt sehen, werden Kicker aus Holland gerne über einen Leisten geschlagen. Als Bruder Leichtfuß, der alles locker nimmt – und wenn es mal etwas über Verfehlungen zu berichten gibt, bei denen Drogen mit im Spiel waren, wird diese Nachricht auch gern genommen. Dabei waren einige der Schicksale der Expatriierten nicht frei von tragischen Momenten. Wie zum Beispiel Willi »Ente« Lippens, der vom Talent her in die niederländische Auswahl gehört hätte, allein, er kam gegen das Bollwerk aus Ajax- und Feyenoord-Spielern nicht an; den Rest erledigten damals nicht nur unterschwellige Ressentiments. Und andere ehemalige Spieler sind es mittlerweile so leid, auch von angeblich seriösen Medien auf Witzfiguren »Made in Holland« reduziert zu werden, dass sie gar keinem deutschen Medienvertreter mehr Interviews geben.

Dass deutsche Fußballer nach Holland gehen, passiert eher selten – die Karriere des Trainers Hans Meyer, der bei Twente Enschede seinen internationalen Ruhm begründete – setzte keinen Trend. Sie gingen, ohne Nachfolger zu hinterlassen. Und auch für uns gibt es in dieser Provinz nun nichts mehr zu tun.

Tipps Utrecht

Der **Uithof** (Heidelberglaan 11, Tel. +31 30 253 5998) in **Utrecht** gehört zu den interessantesten Ecken der Stadt. Nach einem von Rem Koolhaas 1985 entworfenen Masterplan wurden im Laufe der Zeit diverse beeindruckende Gebäude errichtet. Seit 2011 firmiert das Ensemble als *Utrecht Science Park*. Koolhaas selbst baute das Educatorium, wo sich alle Fakultäten der Universität treffen können. Die Universitätsbibliothek wurde von Wiel Arets entworfen, in ihr gibt es eine Espressobar, welche – Haarlemer werden das nicht gerne hören – auf den Namen *Gutenberg* getauft wurde. Möglicherweise der Star unter den Bauten ist das **Minnaertgebouw** (Leuvenlaan 4), benannt nach einem belgischen Astronomen, der lange in Utrecht tätig war. Den architektonisch ungeschulten Betrachter erinnert das Gebäude ein wenig an die Rostlaube der Freien Universität Berlin, aber das soll jetzt nicht als Mäkelei verstanden werden.

Mühlen gibt es in Holland viele. Zu den schönsten gehört die **Broekzijder Molen** (Gein Noord, NL-1391 HA Abcoude) am Fluss Gein, die 2010 aufwendig renoviert wurde. Die Mühle stammt aus dem Jahre 1641 und wurde benutzt, um Polder trocken zu pumpen. Man kann sie weder besichtigen noch sonst etwas mit ihr machen. Sie sieht einfach nur gut aus.

Baarn ist ein Kurort, aber hier befindet sich auch das **Paleis Soestdijk** (Amsterdamsestraatweg 1, NL- 3744 AA Baarn, weitere Informationen unter www.paleissoestdijk.nl), der ehemalige Wohnsitz von Prinz Bernhard und Prinzessin Juliana.

Austerlitz gehörte früher zum Imperium der österreichischen Habsburger, heute heißt es Slavkov u Bruna und liegt in der Tschechischen Republik. Hier feierte Napoleon 1805 bei der Dreikaiserschlacht (es ging gegen Österreich und Russland) einen seiner größten Erfolge. Die Niederlande waren damals mit Frankreich verbündet, bzw. von ihnen besetzt. Der französische General Marmont lag ein Jahr zuvor mit 18.000 Mann in den Hügeln von Utrecht in Bereitschaft. Er sollte für den Fall der Fälle eine englische Invasion abwehren. Marmont wusste, dass Untätigkeit die größte Gefahr für die Moral von Soldaten ist. Also beschäftigte er sie und ließ aus Grassoden in 27 Tagen eine 36 Meter hohe Pyramide (NL-3931 MG Woudenberg, www.pyramidevanausterlitz.nl) bauen. Auf die Spitze der Pyramide wurde ein kleiner Obelisk gestellt, so wie ihn Napoleons Truppen auf ihrem Feldzug in Ägypten gesehen hatten. Weil sich Marmonts Truppen später in Austerlitz auszeichneten, wurde ihnen die **Pyramide** als Denkmal geweiht und auch der Ort in Holland in Austerlitz umbenannt.

Exkurs: Monarchie

Streng genommen handelte es sich bei der Gründung der Niederlande nicht um eine Staatsbildung. Eigentlich agierte hier eine Gruppe von Kaufleuten, die sich ein ihnen genehmes Gebilde schufen, unter dessen Schutz und Schirm sie besser Geschäfte machen konnten. Der erste multinational und global agierende Konzern der Welt – die *Verenigde Oostindische Compagnie (VOC)* – war lange Zeit komplexer organisiert als der holländische Staat. Von daher gesehen war es auch nicht zwangsläufig, dass der neu geschaffene Staat einen König an der Spitze haben musste. Zumal der Adel in der neugegründeten Republik sowieso einen schwachen Stand hatte.

Es zeigte sich allerdings bald, dass ein funktionierender Staatsapparat helfen könnte, die Friktionen zwischen den verschiedenen Fraktionen der Gesellschaft auszugleichen. Und man sah, dass ein gekröntes Haupt als nationale Identifikationsfigur durchaus seine Vorteile hatte. Also gab es immer wieder mal Perioden, in denen die Niederlande einen Monarchen hatten, die sich aber dann wieder mit republikanischen Etappen abwechselten. Erst seit dem Ende der von Napoleon installierten Republik sind die Niederlande durchgehend ein Königreich und lassen ihre Geschicke von den Oraniern lenken. Die sollen ihren Namen daher haben, weil das Geschlecht ursprünglich aus dem französischen Orange stammt, die Frage nach der Herkunft der Flaggenfarbe ist natürlich bei so einem Namen schnell gelöst. Es wird immer wieder berichtet, dass die erste holländische Nationalflagge die Farben Blau, Weiß und Orange gehabt haben soll, das Orange aber – weil man es angeblich auf See so schlecht sieht – später gegen Rot ausgetauscht wurde. Wenn man sich vergegenwärtigt, dass so gut wie alles, was auf See gut sichtbar sein soll – Schwimmwesten, Ölzeug, Signalfackeln, die Innenseiten von Bomberjacken –, orange ist, kommen Zweifel, ob diese Legende auf dem Weg in die Gegenwart auch eine Station im Land der Logik gemacht hat.

Aber sei es wie es sei, die holländischen Nationalfarben sind heute Rot, Blau und Weiß. Für das Königshaus steht seit Ewigkeiten Orange. Während der Zeiten der deutschen Besatzung sollen Holländer aus diesem Grund ihre Loyalität zur Herrscherfamilie dadurch demonstriert haben, dass sie am Ehrentag des Oberhaupts mit einem Bündel oranger Mohrrüben durch die Straßen zogen. Was durchaus passend war, denn schließlich haben erst niederländische Züchter die leuchtende Rübe zu dem gemacht, was sie heute ist. Ursprünglich war die Karotte weiß oder violett.

Die Sitte, den Herrschergeburtstag mit einem großen Volksfest zu begehen, kam am Ende des 19. Jahrhunderts auf. Die damals noch sehr nebeneinanderher lebenden Holländer sollten einen Tag haben, an dem sie ihre Gemeinsamkeit erleben. Da auch damals schon kräftig gebechert wurde, achtete man darauf, dass dieser Festtag nicht in die Wintermonate fällt, auch Königin Beatrix hatte deshalb nicht ihren echten Geburtstag im Januar zum Feiertag gemacht, sondern den ihrer Vorgängerin am 30. April als Königinnentag belassen.

Wenn sich ein deutscher Bürger seinem Staatsoberhaupt nähert, muss er natürlich die Etikette waren. Er hat also »Herr Bundespräsident« zu sagen. Ausländer müssen sogar noch »Exzellenz« hinzufügen. Das klingt alles recht förmlich, aber andererseits handelt es sich schließlich um das Staatsoberhaupt, dem ist Respekt zu zollen.

Schauen wir uns nun an, wie es im lockeren Holland zugeht. Wer König Willem Alexander mit vollem Titel ansprechen möchte, sollte sich etwa auf folgende Rede einstellen: »König der Niederlande, Prinz von Oranien-Nassau, Jonkheer van Amsberg, Graf von Katzenelnbogen, Graf von Vianden, Graf von Diez, Graf von Spiegelberg, Graf von Buren, Graf von Leerdam, Graf von Culemborg, Marquis von Veere und Vlissingen, Baron von Breda, Baron von Diest, Baron von Beilstein, Baron der Stadt Grave und des Cuyker Landes, Baron von IJsselstein, Baron von Cranendonk, Baron von Eindhoven, Baron von Liesveld, Erb- und Freiherr von Ameland, Herr von Borculo, Herr von Bredevoort, Herr von Lichtenvoorde, Herr von 't Loo, Herr von Geertruidenberg, Herr von Klundert, Herr von Zevenbergen, Herr von Hoge und Lage Zwaluwe, Herr von Naaldwijk, Herr von Polanen, Herr von St. Maartensdijk, Herr von Soest, Baarn und Ter Eem, Herr von Willemstad, Herr von Steenbergen, Herr von Montfort, Herr von St. Vith, Herr von Bütgenbach, Herr von Dasburg, Erbburggraf von Antwerpen.«

Hier kann man wieder einmal sehr deutlich sehen, wie Recht Niederländer haben, wenn sie den Deutschen einen übertriebenen Hang zu Titeln vorwerfen.

Da sich ein Prinz die Zeit bis zu seiner Thronbesteigung irgendwie vertreiben muss, ist er meistens damit beschäftigt, seiner Winkhand den perfekten Schliff zu geben und ansonsten immer wieder irgendetwas zu eröffnen oder einzuweihen. Bis zur Thronbesteigung gab es in ganz Holland 217 Plätze, Straßen, Schulen oder Stadien, die nach Willem Alexander benannt worden sind, nicht selten von ihm selbst. Es werden wohl im Laufe seiner Amtszeit noch einige weitere hinzukommen.

Im Prinzip dürfen die holländischen Majestäten heiraten, wen sie wollen, aber die Ehepartner müssen zwei Bedingungen erfüllen: Ihr Land muss Holland im Fußball besiegt haben und es muss mal eine Diktatur gewesen sein.

Das niederländische Königshaus nimmt auf die alltägliche Politik einen größeren Einfluss als beispielsweise ihre britischen Widerparts. Wenn Majestät sich mit dem Regierungschef trifft, dann reden sie nicht nur über Platzdeckchen und das neue Kaffeeservice. Dieser größere Spielraum kann auch zu Verlegenheiten führen, wie im Falle von Juliana, der Vorgängerin von Beatrix. Juliana begründete zwar einerseits die Tradition der radelnden und sich unbekümmert unters Volk mischenden Monarchin, aber andererseits waren ihre pazifistischen Ideen in der Epoche des Kalten Krieges definitiv fehl am Platze und ließen sie leicht schrullig erscheinen.

Auf Fotos, die sie als junge Prinzessin zeigen, wirkt Beatrix wie ein Mädchen, das sich zweierlei Dinge sicher ist: Ich bin Papis Liebling und ich habe meinen eigenen Kopf. Zumindest hatte sie viele ihrer Landsleute mit der Heirat des deutschen Diplomaten Claus von Amsberg vor den Kopf gestoßen.

»Claus raus!« war damals nicht nur ein Gag des Komikers Otto, sondern ein Schlachtruf. Mit den Tumulten wurde eine angespannte Beziehung zwischen Amsterdam und dem Königshaus begründet, die eigentlich erst ihr Ende fand, als 2002 Willem Alexander seine Máxima heiratete.

Bei der Thronbesteigung von Beatrix im Jahre 1980 wurde es noch schlimmer. Damals begann gerade die Ära von Thatcher und Reagan, die sich zehn Jahre später auf die Schulter klopfen sollten und versichern, dass sie alles richtig gemacht hatten. Aber damals sah man vor allem den Rückbau des mittlerweile ziemlich aufgeblähten Sozialstaats und die Gefahr einer neuen Runde des nuklearen Wettrüstens.

Als sich abzeichnete, dass Willem Alexander und Máxima einander das Ja-Wort geben würden, wurde natürlich auch in ihrer Vorgeschichte gestöbert. Man wurde bald fündig. In Argentinien herrschte schließlich auch eine Militär-Diktatur, und dass Máximas Vater ein Widerständler war, konnten auch nicht die wohlwollendsten Betrachter behaupten. Mich hätte ja mindestens ebenso beunruhigt, dass Máxima zuvor als Bankerin gearbeitet hat, aber das lässt die Holländer auch nach der Bankenkrise noch kalt.

Einige Leute meinen, Willem Alexander würde der letzte König sein, aber da bin ich skeptisch. Es ist wohl so, dass nicht jeder die Königsfamilie ernst nimmt, aber Fälle von jakobinischem Zorn, welcher das blaublütige Pack am liebsten unter die Guillotine zwingen will, sind auch selten. Wenn sich Kritik – von jungen Leuten – artikuliert, dann wird die entweder lausbubenhaft (männlich) oder geradezu zofenhaft schüchtern (weiblich) vorgetragen. Und als am Tage der *Inhuldigung* Monarchie-Gegner protestieren und demonstrieren wollten, bestand das einzige Problem der Royalisten darin, dass die Demonstranten nicht vor Kneipen aufziehen sollten, in denen man an diesem Tag Umsatz machen wollte.

Natürlich kostet das Königshaus viel Geld, aber das gekrönte Staatsoberhaupt eignet sich im In- wie Ausland hervorragend zur Identifikation. Dank ihrer Monarchie haben die Niederlande weltweit einen Bekanntheitsgrad, den sie als Republik nur schwer erreichen könnten.

Hinzu kommt, dass sich das Königshaus bis jetzt bei allen Krisen und potenziellen Skandalen sehr geschmeidig verhalten hat. Zwar wird immer wieder mal die Rolle von Prins Bernhard (Mann von Juliana, Vater von Beatrix) im Zweiten Weltkrieg thematisiert, aber die Diskussionen (hat der ehemalige SS-Mann tatsächlich später auf ein deutsches Flugzeug geschossen oder hat er nur dem Schützen gestanden oder ihm doch gar einen Patronengurt gereicht) sind für Außenstehende schwer nachzuvollziehen. Dass Bernhard in den Skandalen um den Lockheed-Abfangjäger Starfighter eine ähnlich dubiose Rolle spielte wie in der Bundesrepublik der damalige Verteidigungsminister Franz-Josef Strauß, interessiert hingegen in Holland niemanden mehr.

Mabel Wisse Smit war eine junge Frau mit politischen Ambitionen, die sich unter anderem für die Befriedung des Balkans einsetzte. Im Umfeld der königlichen Familie fiel sie zum ersten Mal auf, als sie im Oktober 2002 an der Seite von Friso an der Beisetzung von Claus teilnahm. Bis dahin hatte es immer nur geheißen, Mabel und der zweitgeborene Sohn von Beatrix seien nur gute Freunde. Im Juni 2003 fand die Verlobung der beiden statt, ein Jahr später folgte die Hochzeit. Als herauskam, dass Prinzessin Mabel einst Geliebte des Drogenbarons Klaas-Jan Bruinsma gewesen war, schlug dieser Vorfall hohe Wellen und führte schließlich dazu, dass Friso auf seine Ansprüche in der Thronfolge verzichten musste. Heute gilt Mabel als rehabilitiert, denn dass zwei junge Menschen eine gemeinsame Vorliebe für schnittige Segeljachten haben, kann man ihnen nicht zum Vorwurf machen, und außerdem sei der niederländische Inlandsgeheimdienst in dieser Sache sowieso viel zu übereifrig gewesen. Wenn Mabel heute in die Öffentlichkeit tritt, wird sie als bemitleidenswerte Gattin des nach langer Zeit im Koma verstorbenen Prinzen gesehen.

Friesland

Im Sommer ist **Friesland** mit seinen vielen Seen und Kanälen genauso überlaufen wie der Rest Hollands. Im Winter jedoch findet man hier Ruhe und Einsamkeit, in Anbetracht des Trubels in den restlichen Niederlanden ein nahezu unschätzbares Gut. Sind die Touristen endlich weg, herrscht im Land eine Ruhe, die alles wie Nebel überzieht. Die wenigen Einheimischen (ganz Friesland hat weniger Einwohner als Amsterdam) sind dann wieder unter sich und können sich in ihrer eigenen Sprache unterhalten (die sich vom Holländischen stärker unterscheidet als Afrikaans oder Deutsch). Und sich ihren merkwürdigen Freizeitbeschäftigungen widmen. Eine besteht darin, mit einer langen Stange – einem sogenannten *Boom*, der sonst beim Staken der Boote verwendet wird – mit Anlauf in den Grund eines kleinen Kanals zu stecken und das Gewässer so in einem kühnen Sprung zu überwinden.

Der Grund des Kanals ist oft schlammig, die unhandliche Stange erfordert Geschick – der kühne Sprung gelingt nicht immer.

Abgesehen von solchen Aktivitäten wird es im ganzen Land nach der Saison sehr ruhig. Die Kehrseite der Medaille ist natürlich, dass nun die meisten Gaststätten und Unterkünfte schließen. Allerdings entdecken Unternehmen zunehmend, dass die geradezu meditative Stimmung sich hervorragend eignet, um hier Seminare und Schulungen zu veranstalten. Vielleicht wird es demnächst also auch im Winter voller.

Die Landesflagge ist mit roten Zeichen übersprenkelt, die viele für Herzen halten. Dabei handelt sich aber um Blätter der Wasserrose, die auf vielen friesischen Seen zu finden ist. Geographisch ist Friesland zweigeteilt. Im Süden gibt es eine durch viele Kanäle miteinander verbundene Seenlandschaft, oben an der Küste die Wattinseln. Sie gehören zu der langen, langen Inselkette, die sich von Holland über Deutschland bis hin nach Dänemark vor der Küste entlangzieht. Vlieland, Terschelling und Ameland sind als Urlaubsorte teurer als das Festland, aber günstiger als Sylt.

Friesland heißt seit 1997 offiziell *Fryslân*. Friesisch und Niederländisch sind gleichberechtigte Verwaltungssprachen, bei Ortsschildern kann es aber durchaus vorkommen, dass der Name nur in Friesisch angegeben ist. Wie das Baskische in Spanien oder das Sorbische in Deutschland gehört Friesisch zu den Minderheitensprachen, die unter besonderem Schutz der EU stehen. Wer neu nach Friesland zieht, wird von der Regierung mit einem Willkommenspaket bedacht. Um die Neu-Friesländer an die Sprache zu gewöhnen, enthält das Paket einen bekannten Comic auf Friesisch und eine Eintrittskarte für ein Mundart-Theater.

Die Hauptstadt von Friesland ist **Leeuwarden**. Das sagen die offiziellen Zahlen. Und das sagt man natürlich auch in Leeuwarden. In **Herenveen** ist man anderer Meinung. Hier hat man das wahre Hauptstadtgefühl. Obwohl Herenveen nicht mal ein Viertel der Einwohnerschaft hat. Aber dafür hat man hier einen Fußballklub, der durch eine Laune der Natur sogar einmal in der Champions League spielte. In Leeuwarden gibt es dafür andere Attraktionen. Zum Beispiel ein Denkmal für eine Kuh.

Us Mem (Unsere Mutter) steht auf dem Harlingersingel und soll ein Abbild einer idealen Kuh sein. Das Standbild wurde 1954 vom Verband der Friesischen Rinderzüchter aufgestellt. Friesland war schon immer eine Hochburg der milchverarbeitenden Industrie – und wenn diese auch Erwachsene dazu bringen will, täglich und viel Milch zu trinken, muss sie sich eben einiges einfallen lassen.

Dabei wurde zum einen das folkloristische Image von weißgekleideten jungen Männern in breitkrempigen Strohhüten gewahrt, die mit seltsam aussehenden Käsewagen zum Bahnhof spurten. Zum anderen wurden Sympathieträger fürs Marketing geschaffen. Im Inland versuchte man mit Popeye zu arbeiten, der seine Kräfte nicht mehr dem Spinat, sondern Milchprodukten verdanken sollte. Davon kam man aber bald ab. Für die Kinder wurde ein Dreikäsehoch namens Joris Driepinter geschaffen, der als auch Cartoon-Figur zwar kaum über den Tisch gucken konnte, aber dennoch – dank seines übermäßigen Milchkonsums – jeden Widersacher aufs Kreuz legte.

Fürs Ausland gab es das Milchmädchen, welches anfangs von unterschiedlichen Darstellerinnen verkörpert wurde. Nur die Tracht war von Anfang an typisch für das Städtchen **Volendam** und wurde fortan im Ausland als echt holländisch angesehen. Als man sich daran machte, den deutschen Markt zu erobern, gab es nur noch ein Milchmädchen, welches auf den Namen *Antje* getauft wurde. In ihrem ersten Fernsehwerbespot stiftete sie Zuschauer dazu an, mit holländischem Käse Toast Hawaii zu backen. Damit wäre an dieser Stelle geklärt, wer hinter dieser folgenschweren Idee steckt.

Friesland war schon immer Friesland. Friesland wird immer Friesland bleiben. Die Friesen waren hier, als die Römer kamen. Und sie waren immer noch hier, als die Römer wieder gingen. Die Friesen blieben, als all die anderen germanischen Stämme zum Sturm auf das Römische Reich aufbrachen. Es gibt viele Regionen, die sich auf ihre Bodenständigkeit und ihre Widerstandskraft etwas einbilden, aber für die Friesen sprechen Fakten: Sie sind immer noch da und ihre Sprache ist immer noch da.

Um die Friesen ranken unzählige Legenden von Seeräubern und heldenhaften Kämpfen gegen übermächtige Eroberer - wer es realer haben möchte, sollte darüber in die Geschichte schauen.

Eine Frage des Glaubens

Im 8. Jahrhundert war Bonifatius so etwas wie ein Sonderbotschafter des Vatikans. Er ging überall dahin, wo die Kirche Probleme hatte. Bonifatius wurde in England geboren, verbrachte sieben Jahre in einem Kloster und ließ sich mit dreißig zum Priester weihen. Dann machte er sich auf Missionsreise durch das Fränkische Reich. Und Bonifatius kriegte sie alle. Er missionierte die Hessen, die Sachsen, die Thüringer und die Franken. Vor den ungläubigen Germanenstämmen trat er auf wie Cortéz der Eroberer vor den Inkas in Mexiko. Um zu beweisen, dass sein Gott der größere ist, ließ er ihre heiligen Bäume umhauen und aus ihrem Holz Kirchen bauen. Dass in Westeuropa fast tausend Jahre lang eine kulturelle Einheit herrschte, war auch ihm und seinem Wirken zu verdanken. Er räumte sogar mit den irischen Abweichlern auf. Die britischen Inseln waren schon im Römischen Reich christianisiert worden. Als während der Völkerwanderung die Angeln und Sachsen die Insel eroberten, flohen die Christen nach Irland und hingen dort weiter ihrem Glauben an. Unabhängig ohne äußere Autoritäten. Doch für Bonifatius waren die wahrhaft Gläubigen nur die Schäfchen, die dem Hirten in Rom gehorchten. Er räumte auch mit diesem Problem auf.

Für seine Verdienste wurde Bonifatius zum Bischof von Mainz ernannt. Lieber wäre er Bischof von Köln geworden, ein Amt mit noch mehr Ansehen. Aber man kann eben nicht alles haben im Leben – und außerdem riefen mal wieder dringendere Aufgaben.

716 war er zum ersten Mal als Missionar nach Friesland gekommen, doch nun – dreißig Jahre später – war die Mission immer noch nicht abgeschlossen. Dabei fühlte sich Bonifatius zu dieser Aufgabe berufen wie kein anderer. Sein Altenglisch, mit dem er aufwuchs, kam ihm dabei entgegen, denn es war dem Frie-

sischen so verwandt, dass er sich mühelos verständigen konnte. Hinzu kam seine Hartnäckigkeit, mit der er den Friesen auf seiner Mission begegnete.

In Begleitung von zweiundfünfzig Glaubensgenossen, von denen nicht wenige bewaffnet waren, machte sich er sich 754 erneut nach Friesland auf. Der Landstrich war zu diesem Zeitpunkt etwa zu einem Drittel christianisiert, und das Städtchen **Dokkum** lag genau an der Grenze zwischen christlichem und heidnischen Gebiet. Am 5. Juni 754 kam es in dieser Stadt zu einer Auseinandersetzung – am Ende war Bonifatius tot.

Da es zu dieser Zeit noch keine friesische Geschichtsschreibung gab, wissen wir über den Vorfall nur aus kirchlichen Quellen. Bonifatius wurde für seine Verdienste auch nach seinem Tode verehrt. Für seine Anhänger war schnell klar, dass seine Mörder nur gewissenlose Räuber gewesen sein können. Wer den Tätern ein bisschen entgegenkommen wollte, gestand ihnen zu, dass sie als unwissende Heiden möglicherweise gar nicht wussten, wen sie dort ums Leben gebracht hatten.

Erst später kamen auch kritische Stimmen dazu, die den heidnischen Friesen wohl das Recht zugestanden, ihren Glauben zu verteidigen. Wenn man bedenkt, dass Bonifatius nicht nur ein Überzeugungstäter, sondern auch ein gewiefter Machtpolitiker war, ließe es sich auch nicht völlig ausschließen, dass seine Reise nicht nur von »hehren Motiven« getrieben war.

Auf jeden Fall haben die Friesen bis heute ihre Eigentümlichkeiten bewahrt, und auch Bonifatius wird immer noch verehrt. Jedes Jahr pilgern Zehntausende seiner Verehrer nach Dokkum.

Aber Dokkum besitzt nicht nur für die Anhänger des heiligen Bonifatius eine religiöse Qualität. Denn hier befindet sich auch der Wendepunkt der *Elfstedentocht.* Dieses Schlittschuhrennen auf einem Rundkurs durch elf friesische Städte ist zwar reichlich weltlich, aber auch viel mehr als nur Sport. Man kann durchaus von einem Kult sprechen.

Eiskalt zum Sieg

Ende des 19. Jahrhunderts kam jemand auf die Idee und im Jahre 1909 wurde dann die erste Elfstedentocht durchgeführt, sie zählte zweiundzwanzig Teilnehmer. Eine Elfstedentocht geht über fast zweihundert Kilometer und hält die Läufer den ganzen Tag über auf Trab. Die ersten starten im Morgengrauen gegen sechs – immer in Gruppen von hundert Läufern, die Zeiten mit nur ein paar Dutzend Teilnehmern sind längst vorbei. Gelaufen wird immer im Uhrzeigersinn, nur von 1933 bis 1941 ging es anders herum. Warum das so war, ist unklar, die bei diesen Zahlen sofort aufleuchtende Vermutung, diese Daten hätten etwas mit dem Dritten Reich zu tun, trifft nicht zu, die dunkle Periode begann in Holland erst 1940.

Heutzutage erhält jeder Läufer zum Start eine Stempelkarte, die aussieht wie ein Rabattkärtchen, mit dem man die elfte *Latte* umsonst bekommt. Beim Elfstedentocht gibt es aber nichts geschenkt, die Läufer müssen sich einen Stempel in jeder Stadt hart erkämpfen. Gekämpft wird von Tourläufern und Wettkämpfern.

Bei den Tourläufern kommt es einfach drauf an, durchzuhalten, die anderen wollen auch gewinnen. Den Siegern werden Orden überreicht, die ein wenig an Malteserkreuze erinnern.

Wer bei der Tour mitmachen will, muss Mitglied der *Koninklijke Vereniging De Friesische Elf Steden* (Königliche Vereinigung der elf friesischen Städte) sein. Dazu sollte man mindestens achtzehn Jahre alt sein, zusätzlich müssen zwei Mitglieder dafür bürgen, dass der Bewerber auch wirklich gut Schlittschuhlaufen kann. Was passiert, wenn einer lügt, ist nicht bekannt. Vermutlich ist das noch nie vorgekommen.

Und selbst wenn man diese Hürden genommen hat, fangen die wahren Probleme, die die Elfstedentocht zu einem wahrhaft epischen Ereignis machen, erst an. Der Rundkurs bietet nämlich nur maximal dreizehntausend Läufern Platz. Der Verein hat jedoch mittlerweile weitaus mehr Mitglieder. Das heißt, die Teilnehmer werden per Los ermittelt.

Doch selbst wenn man bei der Ziehung Glück hatte, kann immer noch genug schiefgehen. Denn die Elfstedentocht findet nur statt, wenn auf allen Kanälen das Eis mindestens fünfzehn Zentimeter dick ist. Der bangende Blick aufs Thermometer, der Blick aufs Eis, der Wetterbericht, die Erwartungen und Hoffnungen halten im Vorfeld die ganze Provinz in Atem. Schon mehrmals geschah es in der Geschichte des Laufes, dass ein Rennen kurz vor dem Start abgeblasen werden musste, weil an einem Punkt der Strecke das Eis zu dünn oder gar brüchig war. Die Starter bekommen in einem solchen Fall zwar ihr Startgeld (ein paar Euro) zurück – es bleibt aber zu bezweifeln, dass sie das wirklich tröstet. Denn wer garantiert, ob sie im nächsten Jahr wieder das Losglück haben?

Es wurde und wird schon so viel geschrieben, über den Modellcharakter des Sports, wie sich Wettkämpfe als Metaphern fürs Leben eignen, aber verglichen mit der Elfstedentocht sind normale Wettkämpfe alles, aber kein Vergleich.

Es kann passieren, dass ein Mensch ein Leben lang für die Tour trainiert, aber nie zum Zuge kommt, weil es einfach niemals kalt genug ist, wenn man das richtige Los erwischt hat. Und selbst wenn man es bis zur Startlinie geschafft hat: Zweihundert Kilometer Schlittschuhlaufen am Stück ist an sich schon eine Tortur, zusätzlich müssen beim Elfstedentocht aber auch noch Brücken und Stege überwunden werden (was mit Schlittschuhen definitiv schwieriger ist als ohne); und während eines Rennens kann es durchaus vorkommen, dass die Witterung im Laufe des Tages mehrmals umschlägt.

Die Geschichte der Elfstedentocht ist auch eine alternative Chronik des Landes. 1942 lief zwar die erste Dame durchs Ziel, in größerem Rahmen wurde das Rennen aber erst in den Achtzigerjahren für Frauen geöffnet. Selbst der heutige König nahm zu dieser Zeit teil, allerdings unter dem Pseudonym *W. A. Buren*.

Die Geschichte des Wettbewerbs ist voller heroischer und tragischer Momente. So fand die Tour 1963 bei achtzehn Grad minus und Hagel statt. Wer dabei ins Ziel kam, wurde später zum Filmhelden, denn die Geschichte dieses Rennens kam unter dem Titel *De hel van 1963* (Die Hölle von 1963) ins Kino. Nach dem sibirischen Rennen dauerte es zweiundzwanzig Jahre, bis die nächste

Tour stattfand. Zum letzten Mal ging die Elfstedentocht 1997 auf die Runde.

Dieses sportliche Ausnahmeereignis erklärt, weshalb die Niederlande seit Jahrzehnten eine nicht enden wollende Riege von Weltklasse-Schlittschuh-Läufern hervorbringt, die die Wettbewerbe sowohl bei den Männern als auch bei den Frauen dominiert. Und auch unter den Eiskunstläuferinnen gab es Ausnahme-Athleten. Sjoukje Dijkstra war nach dem Krieg ein Star wie später Katarina Witt. Dijkstra wurde nach ihrer Karriere als Leistungssportlerin die erste Profi-Läuferin bei *Holiday on Ice*.

Man sieht also, dass sich Holländer auf gefrorenem Eis fast so wohl fühlen wie auf dem Wasser. Bleibt nur die Frage: Warum haben sie kein Eishockey-Team von Weltrang?

Tipps Friesland

Okay, wieder einmal Kunst. Aber es ist schon angebracht, darauf hinzuweisen, dass es in den Niederlanden nicht nur jede Menge alter Meister gibt, sondern auch viel interessante moderne Kunst. Wie in dem **Museum Belvédère** (Oranje Nassaulaan 12, Heerenveen, www.museumbelvedere.nl) im Park Oranjewoud in Heerenveen. Thom Mercuur war schon immer Kunstsammler und hatte einen Traum: Ein eigenes Museum. 2004 machte er diesen Traum wahr und wurde deswegen 2010 von seiner Stadt zum Ehrenbürger ernannt. Das Museum konzentriert sich auf friesische

Maler, deren Werke sonst kaum der Öffentlichkeit zugänglich sind.

In Friesland gibt es Orte, die Namen wie **Sexbierum** tragen, von denen man sich aber nicht täuschen lassen sollte: Der Name hält nicht das, was er verspricht. In der Nähe gibt es jedoch beeindruckend große Bauernhöfen, wie zum Beispiel den von **Ropta State** (Hoarnestreek 3, 8857 RB Wijnaldum). Auf Friesisch heißen die Bauernhöfe, die sich vor den Landsitzen mancher Fürsten nicht zu verstecken brauchen, *»stins«*; ein Wort, das dieselbe Wurzel hat wie das englische *»estate«*.

Das **Bildt** ist ein Landstrich im Norden Friesland. Hier steht die **Van Harenskerk** (Van Harenstraat 1), die vor allem deshalb berühmt ist, weil sich in der Kirche, die zuvor am selben Fleck stand, Rembrandt und seine Saskia trauten.

Das **Eerste Friesische Schaatsmuseum** (Kleine Weide 1–3, www.schaatsmuseum.nl) steht in Hindelopen. Wer noch mehr über die Elfstedentocht erfahren will, ist hier richtig. Zu den Exponaten gehört auch – das ist kein Witz – ein abgefrorener Zeh, den ein Läufer bei der bitterkalten Tour im Jahre 1963 verloren hat. Nach der Amputation vermachte er ihn dem Museum.

Die Seen im **Gaasterland** sind mit so vielen Kanälen verbunden, dass man hier ein Wasserfahrzeug so wie anderswo das Fahrrad benutzen kann. Wer sich also mit Booten auskennt, sollte mal einen Versuch wagen. Auch die Strecke der Elfstedentocht ist seit einiger Zeit vollständig mit Schiffen befahrbar.

Exkurs: Mata Hari & Badr Hari

Im letzten Jahrhundert war es nahezu unmöglich, einen Text über Friesland zu verfassen, ohne eine gewisse Frau zu erwähnen. Heute kennt ihren Namen kaum jemand mehr, aber es gab eine Zeit, da belebte Mata Hari die Fantasien vieler, vor allem männlicher Mitbürger. Sie war eine der ersten Sexbomben des 20. Jahrhunderts. Männer waren verrückt nach der »exotischen Tänzerin« (so nannte man Stripperinnen damals). Ernest Hemingway behauptete sogar, mit ihr geschlafen zu haben, aber das ist – wie so einiges andere in seinen Erzählungen – sehr, sehr unwahrscheinlich.

Ihre Anfänge waren eher bescheiden. Margaretha Geertruida Zelle wurde 1876 als Tochter eines Hutmachers in Leeuwarden geboren. Der Vater wollte, dass seine Tochter etwas Besseres wird, und sorgte dafür, dass sie Privatunterricht – unter anderem in Deutsch, Englisch und Französisch – erhielt. Finanzielle Probleme des Vaters und seine anschließende Scheidung zerstörten die gutbürgerliche Existenz. Margaretha wuchs danach bei Verwandten auf. Ihr Los besserte sich erst, als sie über eine Kontaktanzeige einen Kapitän kennenlernte. Wie sie später bekannte, hatte sie schon immer eine Schwäche für Männer in Uniform gehabt. Das sollte ihr zum Verhängnis werden.

Aber einstweilen ging sie mit ihrem Gatten nach Niederländisch-Indien (Indonesien), wo sie als Tänzerin auftrat und sich den Künstlernamen *Mata Hari* gab. Ihr

Mann stammte aus einer alteingesessenen holländisch-schottischen Familie, ihr eigenes Eheglück sollte jedoch auch nicht länger halten als das ihrer Eltern. 1899 verstarb ihr Sohn, vermutlich an einer Vergiftung. Die Eltern trennten sich kurze Zeit später. Mata ging nach Europa zurück; sie lebte in Paris, wo sie als Tänzerin auftrat und Malern für Aktstudien Modell saß.

Als Tänzerin machte sie schnell Karriere. Ihre Show war eingebettet in viel orientalisches Gedöns – es schadete aber wohl auch nicht, dass sie bei ihren Auftritten fast alles entblößte. Mata Hari wurde ein Star und ihr ausschweifendes Leben füllte die Klatschspalten. Man munkelte von ihrem ungeheurem Reichtum und ihren guten Verbindungen zu den höchsten Kreisen.

Dann brach der erste Weltkrieg aus. Da Mata Hari Bürgerin der neutralen Niederlande war, konnte sie ungehindert zwischen den Kriegsgegnern hin und her reisen. Was letztlich nicht zu ihrem Vorteil war. Möglicherweise war es ein Mann, den sie abgewiesen hatte – auf jeden Fall wurde Mata Hari 1916 in Frankreich der Spionage für Deutschland angeklagt. Die Vorwürfe der Anklage standen zwar auf wackligen Füßen, die Verteidigung stellte sich jedoch nicht allzu geschickt an. Mata Hari wurde wegen Spionage zum Tode verurteilt. Obwohl sich der niederländische Botschafter für sie einsetzte, wurde die Begnadigung abgelehnt und Mata Hari am 15. Oktober 1917 von einem Erschießungskommando hingerichtet.

Würde man heute Holländer fragen, was ihnen zu dem Namen Hari einfällt, würden die wohl zuerst an *Badr Hari* denken, einen Kickboxer mit marokkanischen Wurzeln, der es zu einiger Berühmtheit gebracht hat. Er entstammt dem Amsterdamer Westen, einem typischen Problemviertel. Eigentlich wollte er Fußball spielen, aber für ein Paar schicke Fußballschuhe reichte wohl das Geld nicht, also ging er schon als Junge in eine Kickboxschule. Badr Hari ist knapp zwei Meter groß und beinahe hundert Kilo schwer. Er wäre auch ohne Training eine beeindruckende Erscheinung. Seit einigen Jahren sind verschiedene Mixed-Martial-Arts-Kampfstile schwer im Kommen, in Holland noch mehr als hierzulande. Es gibt alle möglichen Abkürzungen, hinter denen sich dann wiederum Organisationen und Kampfstile verbergen. K-1 steht für Karate, Kickboxen, Kung-Fu und soll an die Formel 1 erinnern. K-1 wurde von einem Japaner begründet und ist in Japan auch sehr populär. Allerdings gehörten auch Holländer wie Errol Zimmermann oder Peter Aerts immer wieder zu den Champions. 2009 wurde Badri Hari K-1-Weltmeister in der Gewichtsklasse bis 100 kg. Ihm schien eine große Zukunft bevorzustehen. Seine Herkunft macht ihn zu einem Idol derer, die sich als Randständige der Gesellschaft sehen. Hari versuchte sich auch als Rapper, allerdings waren seine Leistungen im Ring durchgehend beeindruckender.

Neben der Niederländischen besitzt Hadri auch die marokkanische Staatsbürgerschaft. Bei wichtigen Kämpfen lässt er die marokkanische Nationalhymne spielen. Seit einiger Zeit ist er mit Estelle Cruyff zusammen, der Tochter des Bruders vom Fußballnational-Heiligtum Johan Cruyff, die vorher mit Ruud Gullit zusammen gewesen war. Dank dieser Liaison wurde Hari zum Mitglied einer Gruppe von Niederländern mit Weltruhm. Hari träumte von einer Karriere in den Vereinigten Staaten. Er wollte ins Superschwergewicht wechseln, wo das ganz große Geld lockt. Aber dann häuften sich die Rückschläge. Weil er bei einem Kampf seinen Gegner foulte, wurde ihm das Preisgeld aberkannt. Auch kam es immer wieder zu Übergriffen und Auseinandersetzungen in Amsterdamer Klubs, die jedoch folgenlos blieben, weil sich niemand zu einer Anzeige durchringen konnte.

White Sensation ist ein Fixtermin im Amsterdamer Partykalender. Aus dem ganzen Land strömen Menschen zusammen, alle völlig in weiß gekleidet, um ohrenbetäubende Techno-Musik zu hören und eine gute Zeit zu haben. Für Außenstehende sieht es ein bisschen so aus, als veranstalte der Ku Klux Klan eine Mitgliedervollversammlung für die Familien, nur eben mit Vermummungsverbot, aber die Anhänger schwören auf ihre Veranstaltung. Die White Sensation 2012 fand am 8. Juli in der Amsterdam ArenA statt. Dabei wurde ein Geschäftsmann von Badr Hari und seinen Freunden in einer VIP-Lounge brutal zusammengeschlagen. Im Unterschied zu den früheren Vorfällen erstattete der Geschädigte Anzeige. Hari wurde angeklagt, und es kam zum Prozess. Vor der Verhandlung wurde er unter Auflagen auf freien Fuß gesetzt. Unter anderem war es ihm untersagt, zwischen acht Uhr abends und acht Uhr morgens einen Gastronomiebetrieb aufzusuchen. Als er während dieser Zeitspanne in einer Snackbar auftauchte, gab es prompt Ärger. Hari verteidigte sich damit, dass er nicht erkannte hätte, dass es sich bei dem Laden um eine gastronomische Einrichtung gehandelt hätte. Von seinen Fans wurde ihm das als Chuzpe ausgelegt; von seinen Kritikern als Beschränktheit.

Im Prozess wurde Hari schuldig gesprochen und verurteilt. Er ist aber inzwischen wieder auf freiem Fuß und hat auch schon wieder erste Kämpfe absolviert; allerdings ohne den Biss von früher. Für seine Anhänger ist er auch weiterhin der Typ, der es »denen da oben« mal so richtig zeigen kann.

Groningen

Groningen ist Bauernland. Aus Sicht der großen Städte im Westen wird der Groninger so wahrgenommen wie früher in Deutschland ein ostelbischer Junker in den Städten westlich der Elbe. Groninger gelten aus maulfaul und stur, aus der Sicht der Hafenstädte im Westen leben sie am Ende der Welt.

Jemand, der sich mit solchen Fragen viel besser auskennt als ich, hat mir mal gesagt, dass die Mentalitäten von Menschen auch dadurch bestimmt werden, auf welchem Boden sie aufwachsen. Denn die Erde und Schwingungen strahlen auf den Menschen ab und prägen ihn. Diese These klingt zwar ziemlich esoterisch, so ganz von der Hand zu weisen ist sie aber nicht. Der auf märkischem Sand aufgezogene Preuße agiert anders als ein auf Stein und Löß aufgewachsener Bayer. Zumindest könnte das eine Erklärung für die vielfältigen Mentalitäten in den Niederlanden sein.

Links uns rechts von Groningen zieht sich über die Erde auf der Landkarte ein Trichter aus Kleiboden: das sogenannte **Hogeland**. Klei – das musste ich auch erst nachschlagen – ist entwässerter Schlick. Dieser Boden wurde im Laufe der Jahrtausende vor der Groninger Küste angeschwemmt und von den Einheimischen vor allem zum Ackerbau genutzt. Was in Holland eine Besonderheit ist, denn hier besteht Landwirtschaft eben in der Regel aus Viehzucht oder der Zucht von Blumen oder Tomaten. Während in den Milchwirtschaftsregionen der Aufstieg zum Wohlstand mit der geradezu amerikanisch anmutenden Mechanisierung zusammenfiel, geht es hier bergauf, seitdem man weiß, wozu es Kunstdünger gibt.

In Groningen, der Hauptstadt der Provinz, wird nicht auf die Bauern aus dem Umland herabgeblickt. Denn erstens sind die Bauern von Groningen vermögend und zweitens nicht doof. Viele von ihnen haben eine Landwirtschaftsakademie besucht. Was den Groningern nicht unbedingt nachgesagt wird, ist jene Weltoffenheit, derer sich die Holländer sonst so gerne rühmen.

In der Provinzhauptstadt Groningen litt man sehr darunter, dass man im Rest des Landes ein so tumbes Image hatte. Schließlich sah man sich in der 180.000-Einwohner-Stadt nicht nur als Provinzhauptstadt, sondern als so etwas wie *die* Metropole der Nordniederlande. Die hiesige Universität hat einen Ruf, der alles andere als provinziell ist. In der Vergangenheit konnte sie zu ihren Alumni so unterschiedliche Charaktere wie den Rechtspopulisten Pim Fortuyn und die Linke-Politikerin Sahra Wagenknecht zählen.

Um zu verändern, wie der Rest des Landes die Stadt sieht, und um dafür zu sorgen, dass überhaupt erstmal Leute kommen, um sich die Stadt anzusehen, wurde 1994 der Neubau des Groninger Museums eröffnet. Direktor Frans Haks und der italienische Architekt Alessandro Mendini wollten ein Gesamtkunstwerk schaffen, welches nicht einfach nur modern ist, sondern die Leute immer wieder in ihren Bann zieht. Der Plan ging auf. Mittlerweile besuchen mehr Menschen jährlich das Museum als Groningen Einwohner hat. Und viele, die zum ersten Mal in die Stadt kommen, bemerken erstaunt, dass die Groninger gar nicht *so* stur sind.

Finanziert wurde das Museum unter anderem durch fünfundzwanzig Millionen – damals noch – Gulden, die 1987 von der Gasunie (komplett: Nederlandse Gasunie NV) zur Verfügung gestellt wurden. Denn in der zweiten Hälfte des zwanzigsten Jahrhunderts sollte zu dem mit Kunstdünger und Know-how optimierten Ackerbau noch eine weitere Einkommensquelle hinzukommen.

Am 29. Mai 1959 entdeckten Geologen der *Nederlandse Aardolie Maatschappij (NAM)* in dem Nest **Kolham** Erdgasvorkommen. Das Feld befand sich in zweieinhalbtausend Metern Tiefe unter dem Grundstück eines Bauern, der in diesem Moment vermutlich das Gefühl hatte, ihm würde ein Bündel richtig angekreuzter Lottoscheine durch das Fenster geworfen.

Das Erdgas aus Groningen machte Holland nicht so reich wie beispielsweise Norwegen, aber es ist genug da, um sich selbst mit Erdgas versorgen. Wer also wissen will, weshalb Holland bei Gesprächen mit Russlands Präsident Wladimir Putin immer ein wenig gefestigter wirkt als andere, könnte hier eine Erklärung finden. Und bei einem Kernkraftwerk gibt es auch keine so großen Diskussionen über diese Energiequelle wie in Deutschland. Die Bohrerei hat allerdings den unangenehmen Nebeneffekt, dass die Provinz von Zeit zu Zeit von leichten, künstlich erzeugten Erdbeben erschüttert wird ...

Tipps Groningen

Die **Zeehondencrèche Lenie 't Hart** (Hoofdstraat 94a, 9968 AG Pieterburen, www.zeehondencreche.nl) ist die älteste Seehund-Station Hollands. Seit 1971 werden hier verwaiste oder verwundete Seehunde aufgezogen.

Unter Architekten ist die Amsterdamer Schule bekannt, in Groningen gibt es einen Ableger, die Groninger Amsterdamer Schule. Dies bedeutet, dass Geldgeber und Architekten mutig genug waren, neue Formen auszuprobieren – ein gutes Beispiel für den Stil ist das **Grafisch** Museum (Rabenhauptstraat 65, www.gr-id.nl).

Marum ist nur ein kleines Dorf zwischen Groningen und Drachten und beherbergt gut fünftausend Einwohner. In den wilden Sechzigern war das Veranstaltungszentrum **Kruisweg** (www.kruiswegmarum.nl, Kapazität: zweitausend Plätze) ein Teil der Popweltkarte. Hier spielten die Kinks, die Pretty Things und andere – wie man damals sagte – »englische Beatgruppen«.

Exkurs: Geld

Im siebzehnten Jahrhundert, als die Sieben Vereinigten Provinzen ihre Unabhängigkeit von den spanischen Habsburgern erkämpft hatten, hatte der niederländische Gulden einen Ruf wie später die D-Mark, das Währungskürzel *fl* wurde europaweit geschätzt. Warum der Gulden – bis er in den Euro überging – mit *fl* abgekürzt wurde, ist schnell erklärt: »Gulden« kommt von »Goldstück« – und die kamen im Spätmittelalter aus Florenz, niederländisch *Florijn*.

Seit dem Sieg über Napoleon trug der Gulden das Abbild des jeweils regierenden Königs (oder der Königin) und wurde auf dem geriffelten Rand mit der Inschrift *»God zij met ons«* (»Gott sei mit uns«) versehen. Diese Inschrift findet sich auch auf dem niederländischen Euro wieder. Neben der deutschen (»Einigkeit und Recht und Freiheit«) ist die in den Niederlanden geprägte Münze die einzige mit einem Text als Randprägung, was ganz nebenbei auch etwas über den im Lande herrschenden Prägestandard sagt; denn wenn sie es könnten, würden wohl alle derartige Gravuren machen.

Nach dem Zweiten Weltkrieg wurde der Gulden von der holländischen Regierung bewusst abgewertet, um die Kaufkraft den realen Verhältnissen im vom Krieg gebeutelten Land anzupassen. Doch der Gulden blieb nicht lange eine Billigwährung. Die Amerikaner befürchteten,

Moskau würde die kommunistische Partei als U-Boot im westeuropäischen Kontext benutzen. Um diesen Ambitionen ihre Grundlage zu entziehen, wurden über den Marshallplan über eine Milliarde Dollar in das Land gepumpt (und wir sprechen von einem Dollar, der noch an den Goldstandard gekoppelt war; richtiges Geld also). Die niederländische Wirtschaft erholte sich schnell, und der Gulden setzte zu neuen Höhenflügen an. Er wurde wieder zu einer der härtesten und begehrtesten Währungen der Welt. In den Sechzigerjahren hatte der Gulden sogar die D-Mark überflügelt und notierte Mitte des Jahrzehnts bei 1,10 DM. 1973, nach der Ölkrise (Shell ist ein holländisches Unternehmen), erreichte der Gulden Parität mit der D-Mark. Und seit den Achtzigerjahren war der Gulden an die D-Mark gekoppelt und stand stabil bei 88 Pfennig – bis er vom Euro abgelöst wurde.

Es war in dieser Zeit, dass der damalige niederländische Notenbankchef Wim Duisenberg sagte, dass die niederländische Souveränität genau eine Viertelstunde dauerte, nämlich die Zeit, die er hatte, um den Gulden an die Schwankungen der deutschen Währung anzupassen. Grundsätzlich fuhr Holland mit dieser Kopplung aber recht gut. Als der amerikanische Spekulant George Soros den europäischen Währungsverbund sprengen wollte, guckte er sich als mögliche Opfer das britische Pfund und die italienische Lira aus, der holländische Gulden blieb verschont. Und doch werden die Holländer vermutlich über die deutsche Hochzinspolitik, mit der der deutsche Finanzminister nach der Wiedervereinigung eine Inflation verhinderte, ganz schön geflucht haben.

Zu den Eigentümlichkeiten des Guldens gehörte, dass es zwar nominal 1 Cent gab, im Alltag aber immer nur in Fünferschritten gerechnet wurde. Das heißt, selbst wenn auf Produkten ein typischer Werbepreis von 6,99 etikettiert war, wusste jeder, dass es eigentlich um 7 Gulden ging (und leider nie um 6,95).

Diese Marotte, die darin begründet ist, dass 1- und 2-Cent-Stücke in der Herstellung so teuer sind, dass die Kosten den Nennwert überschreiten, wurde auch beim Euro beibehalten. Wenn Sie nach Holland fahren, können Sie also alle Münzen kleiner als fünf Cent getrost zu Hause lassen. Sollten Sie trotzdem auf die Idee kommen, mit kleineren Münzen bezahlen zu wollen, wundern Sie sich nicht, wenn Sie die Kassiererin anschaut, als ob sie ihr Knöpfe präsentiert hätten.

Am anderen Ende der Skala gab es damals die Tausend-Gulden-Note, die – welche Überraschung – in einer Umfrage zum schönsten Geldschein gewählt wurde. Sie war mit dem Abbild des Philosophen Baruch Spinoza verziert und von grüner Grundfarbe. In der Zeit, als der Gulden über der D-Mark stand, war dies der teuerste Geldschein Europas. Heute haben sich die Zeiten geändert: Jüngst kam aus Holland der Vorschlag, dass die EU in Zukunft auf 500-Euro-Banknoten verzichten solle, weil derartig große

Scheine sowieso nur von Kriminellen und Geldwäschern benutzt werden.

So lange der Wert des Guldens bei achtundachtzig Pfennigen lag, war Holland aus deutscher Sicht ein ideales Urlaubs- und Einkaufsland. Von den Benzinpreisen abgesehen, schien beinahe alles eine Spur billiger als Zuhause zu sein. Seit der Einführung des Euro hat sich dieses Verhältnis geändert. Holland ist teuer. Es kommt selten vor, dass Holländer den Deutschen Humor bescheinigen, aber dass der Euro in Deutschland bald nach seiner Einführung als »Teuro« bezeichnet wurde, ist in Holland mit beifälligem Kichern zur Kenntnis genommen worden.

Was die Deutschen mit ihren Euros machen, weiß man in Holland übrigens ganz genau. Zumindest wenn die Gäste im Lande sind. Im Durchschnitt gibt jeder deutsche Besucher 67 Euro pro Tag aus. Insgesamt lassen alle deutschen Touristen fast eine ganze Milliarde im Land.

Flevoland

Streng genommen ist **Flevoland** keine richtige Provinz. Erstens ist es dafür zu neu – sie besteht erst seit 1986 – und zweitens wird wohl kaum ein Gebilde durch das Adjektiv »künstlich« so treffend beschrieben. Der Süden der Provinz besteht aus Land, welches dem IJsselmeer abgerungen wurde, und der im Nordosten liegende Polder gehörte früher zur Provinz Overijssel.

Und bevor die Provinz angelegt werden konnte, musste erstmal der Abschlussdeich angelegt werden. Auf alten Landkarten sieht man im Nordwesten des Landes eine große Bucht, deren Ränder sich über die Jahre immer mal wieder änderten. Früher hieß das Wasser in der Bucht *Zuiderzee* (Südsee). Auf neueren Karten heißt das Wasser *IJsselmeer*. Die Uferränder ändern sich auch, allerdings wird nun die Wasserfläche immer kleiner. Der Grund dafür ist der zweiunddreißig Kilometer lange Abschlussdeich, der seit 1932 die Zuiderzee vom Meer abgrenzt und aus ihr einen Süßwassersee machte. Seine große Bewährungsprobe erlebte der Deich bei der Sturmflut 1953, als im Süden viele Städte überflutet wurden, im Norden jedoch der Abschlussdeich standhielt und so die Bewohner dahinter vor einer Katastrophe bewahrte. In den folgenden Jahren siedelten auf dem neu gewonnenen Land auch Menschen aus Zeeland an, die bei der Flut ihr gesamtes Hab und Gut verloren hatten.

Die Straße über den Abschlussdeich ist Teil der Autobahn 7. Auf dem Asphalt gelten die in Holland üblichen Geschwindigkeitsvorschriften, die einzige Ausnahme bildete vor ein paar Jahren ein Formel-1-Rennfahrer, der sich einen Jugendtraum erfüllen und mit seinem Rennwagen über den Deich brettern durfte. Er erreichte eine Höchstgeschwindigkeit von über dreihundert Kilometern pro Stunde.

Neben der Straße verläuft ein vier Meter breiter Radweg, der allerdings auch von anderen Fahrzeugen genutzt werden kann. Eisenbahngleise gibt es nicht, der Untergrund wurde dafür als nicht stabil genug eingeschätzt. Allerdings denkt man jetzt darüber nach, den Deich zu erhöhen; vielleicht kommt in der Neuauflage eine Eisenbahn hinzu.

Hinter dem Deich wie auch hinter der Provinz Flevoland steckt der Ingenieur Cornelis Lely, der schon 1891 erste Entwürfe für die Abriegelung der Zuiderzee vorstellte. Als Minister konnte er seine Vorstellungen dann durchsetzen. Er überzeugte 1916 die Regierung, 1918 wurde das Zuiderzee-Gesetz beschlossen. Wenn jemand den Sinn der Landnahme bezweifelte, wies Lely darauf hin, dass man auf den neugewonnenen Ländern Lebensmittel anbauen konnte und so in Krisen- und Kriegszeiten unabhängiger war. Am Ende des Ersten Weltkriegs fielen diese Argumente auf fruchtbaren Boden.

Das Land hatte durch den Abschlussdeich gewonnen und man wollte noch mehr Land gewinnen. An die Verlierer wurde dabei kaum gedacht: Die in Urk lebenden, strenggläubigen Fischer fingen in der abgeschlossenen Zuiderzee (Süßwasser) kaum noch etwas und verlegten ihr Fanggebiet schließlich in die Waddenzee (jenen Teil der Zuiderzee, der sich nördlich vom Abschlussdamm befindet). Inzwischen ist der größte Teil ihrer Kutterflotte in friesischen Häfen stationiert.

Der Beschluss für die Trockenlegung des Nordostpolders fiel 1941 unter der deutschen Besatzung. Die Bauarbeiten begannen 1942 und wurden während der ganzen Besatzungszeit fortgesetzt. Die Niederlande gehören zu den wenigen Ländern unter deutscher Herrschaft, in denen während dieser Zeit Infrastrukturprojekte durchgeführt wurden (in Rotterdam wurde 1942 der Maastunnel vollendet). Anderswo gab es das Prinzip der verbrannten Erde.

Arbeitsplätze bei der Poldertrockenlegung waren begehrt, wer hier schaufeln konnte, musste nicht zum Reichsarbeitsdienst. Und angeblich war Hitler persönlich an dem Fortgang der Polderarbeiten interessiert. Er wollte wohl auch in den neu eroberten Ostgebieten riesige Polderflächen anlegen.

So ein neues Land ist immer eine gute Gelegenheit, sich in die Geschichtsbücher einzutragen und Duftmarken in der Landschaft zu setzen. Der Name **Flevoland** war noch von den alten Römern entlehnt, dass die Hauptstadt nach dem federführenden Ingenieur Lelystad benannt werden würde, war auch klar. Aber wie sollte die neue Provinz hergerichtet werden? Retortenstädte konnten grausam aussehen, das wusste man aus anderen Gegenden. Leider setzten sich auf Flevoland überwiegend die Traditionalisten durch. Vorgefertigte Bauernhäuser im pseudo-traditionellen Stil bestimmen die Landschaft, große Ausnahme ist das Dorf **Nagele**, wo man sich etwas mehr Moderne getraut hat. Die Straßen sind hier so schnurgerade, dass man sich nach langer Diskussion entschlossen hat, auf den Autobahnen die Höchstgeschwindigkeit heraufzusetzen. Nun darf man 130 Kilometer pro Stunde fahren.

Wo die Holländer Land gewonnen haben, setzen sie Häuschen hin – da lassen sie sich nicht einmal von Schwaben etwas vormachen. Der Staat förderte den Drang nach eigenem Grund und Boden nach Kräften. Hypothekenzinsen waren lange von der Steuer absetzbar und Banken verlangten nicht unbedingt Eigenbeteiligungen, wenn jemand ein Haus bauen wollten. Es waren sogar Finanzierungen bis zu 106 Prozent möglich. Was unterm Strich heißt: Wir geben Ihnen Geld, damit Sie sich bei uns Geld borgen, um ein Haus zu bauen.

Als dann in den Vereinigten Staaten die Immobilienkrise ausbrach (deren kühne Finanzierungsprojekte den niederländischen gar nicht so unähnlich waren), brach der holländische Häusermarkt zusammen. Mittlerweile beträgt der Preis für ein Haus durchschnittlich bezahlbare 170.000 Euro – und trotzdem will keiner kaufen. Was früher als gute Geldanlage und Investition in die Zukunft galt, wird nun als Klotz am Bein gefürchtet. Da die Mieten in den Ballungsräumen gleichzeitig unangemessen gestiegen sind, können auch immer weniger Menschen Rücklagen bilden. Statt in Deutschland zu expandieren, müssen Niederländer nun mit ansehen, dass Belgier im Süden zu ihnen kommen und die Grundstücke kaufen, die sie sich nicht mehr leisten können.

Tipps Flevoland

In **Emmeloord** steht der fünfundsechzig Meter hohe **Polderturm** (www.emmeloord.info/index.php/poldertoren). Er ist der Mittelpunkt des Nordostpolders und bildet einen guten Orientierungspunkt.

Batavia Stad Outlet Fashion in Lelystad (Bataviaplein 60, www.bataviastad.nl): Ein Einkaufszentrum ist normalerweise keine Sehenswürdigkeit, aber hier wird versucht, hinter den auf altertümlich gestylten Eingangstoren eine Marktatmosphäre zu kreieren, welche im Land wohl während des Goldenen Zeitalters geherrscht haben mag. Das sollte man auf keinen Fall alles so ernst nehmen, wir reden hier von verkaufsförderndem Kitsch. Aber es wirkt.

Lelysäule (Stadshuisplein) in Lelystad: Da thront er, auf dem Stadhuisplein in der luftigen Höhe von dreißig Metern. Wer vor dem Denkmal steht und hinaufblickt, der muss dankbar sein, denn ohne den Ingenieur da oben stünde er nicht hier.

Die **Oostvaardersplassen** sind ein sechstausend Hektar großes Gebiet auf Flevoland, welches eigentlich zum Industriegebiet umgewidmet werden sollte. Man gab letztlich allerdings der Idee den Vorzug, eine Landschaft mit Vögeln, Gräsern und allerlei Getier zu installieren, die manche Betrachter gar an afrikanische Savannen erinnert.

De Fantasie (De Fantasie ist auch ein Straßenname, deshalb am besten »De Fantasie« ins Navi eingeben) in **Almere** ist ein Wohnviertel, in dem Architekten ermutigt wurden, so ungewöhnlich wie möglich zu bauen. Der Bitte haben sie entsprochen.

Exkurs: Niederländisch

Keine andere Sprache der Welt ist mit dem Deutschen so eng verwandt wie das Niederländische. Dennoch ist das Idiom des Nachbarlandes für uns nicht ohne Tücken. Ja, man kann sogar mit einiger Berechtigung behaupten, Niederländisch ist die schwerste Sprache der Welt. Doch der Reihe nach.

Niederländisch wird weltweit von ungefähr zwanzig Millionen Menschen gesprochen, vor allem in Holland, Belgien und in den niederländischen Besitzungen in der Karibik. Afrikaans, was in Südafrika verbreitet ist, hat sich aus der Sprache der Buren entwickelt und klingt in holländischen Ohren so, als würden wir heute mit einem Holzfäller aus dem Schwarzwald des 19. Jahrhunderts sprechen.

Als Ursprung dieser Sprache gilt das Jahr 1652, als holländische Auswanderer am Tafelberg landeten. Wenn man in ein Wörterbuch Niederländisch – Afrikaans blickt, hat man schnell das Gefühl, man sieht in der Zeitung auf der Rätselseite ein Wimmelbild mit der Aufforderung: »Finden Sie die 7 Unterschiede.« Für einen Nicht-Muttersprachler scheinen beide Sprachen nahezu identisch zu sein.

Als Standard der Sprache gilt *ABN (Algemeen Beschaafd Nederlands* – das allgemein gepflegte Niederländisch). Eine solche Norm ist auch dringend nötig, weil in Holland der Dialekt alle fünfzig Kilometer wechselt. Um die Einheit der Sprache zwischen Belgien und den Niederlanden zu wahren, gibt es seit 1980 eine Sprachenunion, die *Taalunie*. Obwohl mehr Leute Holländisch sprechen als das gesamte Skandinavien Einwohner hat und es in ganz Europa keine einzige Sprache gibt, die von mehr als fünfzehn Prozent seiner Bewohner als Muttersprache gesprochen wird, sind Niederländer in der Regel nicht von ihrer Auffassung abzubringen, dass es sich bei ihrer Muttersprache um eine »kleine Sprache« handelt, welche auf den Besucher so exotisch wirkt wie Süd-Polynesisch oder Hoch-Urdu.

Da es im Niederländischen mehr ältere Wörter mit lateinischen Wurzeln gibt als im Deutschen, vertreten einige Sprachwissenschaftler die Auffassung, dass die Sprache älter als das Deutsche ist. Wiederum andere vertreten eine ähnliche These, allerdings mit einer anderen Begründung. Sie sagen, dass im Niederländischen – wie im Englischen –

mehr genital geflucht wird (also *fuck* und *kut* – ndl. für F...), während sich das Deutsche noch in seiner analen Phase befindet. Da laut Sigmund Freud die genitale Phase auf die anale folgt, wäre dies ein unschlagbarer Beweis für die höhere Daseinsform des Holländischen. Meine Antwort an Theoretiker dieser Couleur: Sie sollen sich gefälligst um ihren eigenen Scheiß kümmern.

Als einigermaßen erwiesen gilt, dass sich das Deutsche in den bergigen Regionen entwickelt hat, während das Niederländische im Delta der großen Flüsse entstanden ist. Viele Worte wirken wie ein Durchgangsstadium auf dem Weg vom Deutschen zum Englischen.

Zum Beispiel:

Appel – apple – Apfel
Twee – two – zwei
Eten – eat – essen
Boek – book – buch
Dag – day – Tag

Zu den weiteren Besonderheiten des Niederländischen gehört, dass man in dieser Sprache nicht mal vernünftig »Ich liebe dich« sagen kann. *»Ik hou van jou«* = »Ich halte viel von dir« ist nicht gerade ein Ausdruck überbordender Emotion. Das erste in Niederländisch verfasste, vollständige Epos heißt *Reinecke Fuchs (Reinaard de vos).* Angeblich hat ein niederländischer Dichter einen Teil der Geschichte von einem welschen Sänger gehört und sich dann den Rest selbst zusammen gereimt. Als Erster in einer Sprache geschrieben, die heute als Hoch-Holländisch gilt, hat der Dichter Joost van Vondel – nach ihm wurde ein Park in Amsterdam benannt, er galt als Fürst der niederländischen Kultur. Wenn man Holländer ärgern will, sollte man ihnen so häufig wie möglich unter die Nase reiben, dass ihr Goethe in Köln geboren wurde und seine Eltern aus Antwerpen stammen.

Zu den aus dem Niederländischen stammenden deutschen Worten gehören: Abstand nehmen, Augenmerk, Auster, Bücherei, Fracht, Klippe, Matrose, Schauburg, Staatsmann, Stapel, Trauerspiel, Vertrag. Naturgemäß ist der Anteil der Lehnworte im Norden Deutschlands größer als im Süden.

Aber natürlich hat auch Holland Worte aus Deutschland importiert. Zu Anfang am auffälligsten ist wahrscheinlich »sowieso«, welches in genau derselben Funktion gebraucht wird wie hierzulande. Daneben gibt es nicht wenige Holländer, die meinen, der Spruch »... und dann kommen die Kamele« sei eine typisch deutsche Redewendung – ich würde gerne mal den schrankenlosen Lügenbold kennenlernen, der diesen Unsinn verzapft hat.

Aus dem Englischen sind natürlich auch jede Menge Worte übernommen worden, die aber ziemlich schnell den einheimischen Rechtschreibregeln unterworfen wurden, *oké?*

Aus dem Französischen werden es schon weniger, aber auch da gibt es einige. Begriffe wie *enfin* (schließlich/endlich) dürften über die belgischen Comics ihren Eingang in den Wortschatz gefunden haben.

Da Holland schon eine Welt- und Wissenschaftsnation war, als man in Deutschland noch vor marodierenden Schweden und Wallensteins Söldnern davonlief, gibt es für naturwissenschaftliche Gebiete statt aus dem Lateinischen abgeleitete Begriffe ur-niederländische Worte: Mathematik = *Wiskunde* (also eigentlich »Wissenskunde«, Chemie = *Scheikunde* (wortwörtlich: »Trennungskunde«, etc. Subtrahieren heißt *aftrekken* (abziehen) – wobei man hier vorsichtig sein muss, denn *aftrekken* kann auch mit »sich einen runterholen« übersetzt werden. Eine andere Quelle für unfreiwillige Komik ist die deutsche Frage »Kommst du klar?«, weil *klaarkomen* im Holländischen jenen Zustand beschreibt, den man beim *aftrekken* als Höhepunkt erreicht.

Um ihre Nachbarstämme zu ärgern, hat jeder germanische Stamm einen Laut, den es in den anderen Sprachen nicht gibt und dessen Aussprache große Mühe macht. Die Engländer haben das *th*, wir haben das *Z* und die Holländer haben gleich drei: *ij*, *eu* und *s-ch*. Bei Worten wie *schuld* wird das *s* vom *ch* getrennt und das *ch* wie in »Rachen« ausgesprochen. Es gilt als allgemein erwiesen, dass kein Deutscher je lernen wird, diesen Laut richtig zu artikulieren. Bemerkenswert ist außerdem, dass der niederländische Akzent in Fremdsprachen kaum Spuren hinterlässt. Wenn Holländer Spanisch oder Englisch lernen, gelten sie bald als akustisch staatenlos. Nur wenn sie lange in Deutschland gelebt und viel Deutsch geredet haben, dann sprechen sie plötzlich die anderen Fremdsprachen mit deutschem Akzent.

Das Niederländische ist nicht frei von Heimtücke. Wirken die Worte geschrieben noch einigermaßen vertraut, zeigen sie gesprochen ihr wahres, fremdes Gesicht. Es ist dann, als habe sich ein vertrautes Antlitz hinter einer fremdartigen Maske aus Rachenlauten und Genuschel verborgen und freut sich nun hämisch lächelnd, dass es bei jedem Versuch der Annäherung fremder und fremder wirkt. Auch die Rechtschreibung ist verwirrend, weil sich in vielen Punkten deutsche und niederländische Regeln widersprechen und man am *»Einde in kainer Sprage meer richtig schrijben kann.«*

Aber das größte Problem ergibt sich, wenn man versucht, ins Mutterland einzutauchen und die Sprache im Dialog mit den Einheimischen zu lernen. Denn in der Minute, in der ein Holländer einen ausländischen Akzent entdeckt, wird er sein persönliches Sprachreservoir durchforsten, das passende Gegenstück zücken und in diesem Idiom den Dialog fortsetzen. Und selbst wenn er nichts Passendes findet, wird er immer noch lieber ins Englische wechseln.

Der Gast mag meinen, dass sei Freundlichkeit. Der Lernende mag grollen und es für Arroganz halten – in

Wirklichkeit ist es nichts anderes als Faulheit. Bevor sich ein Niederländer das hilflose Gestammel des Zugereisten anhören muss, erledigt er die Konversation lieber gleich selbst. So sehr ein Holländer auch überlegt, aus seiner Sicht gibt es keinen vernünftigen Grund, seine Sprache zu lernen. »Wir können doch alle mindestens Englisch«, wird er vermutlich als Erklärung anführen.

Die einzige Gruppe, von der erwartet wird, dass sie sich bis zur Ausgemergeltheit in die niederländische Sprache hineinschuftet, sind Zuwanderer aus Marokko oder der Türkei. Für diese Leute gibt es Sprachexamen und Prüfungen, bei denen keinesfalls garantiert ist, dass sie das Examen auch bestehen. Und bezahlt werden muss der Unterricht aus eigener Tasche. Bei dieser Maßnahme geht es den Holländern aber vermutlich nicht um den Dialog, sondern wohl mehr um Prophylaxe. So lange sie damit beschäftigt sind, Vokabeln zu lernen, kommen sie wenigstens nicht auf dumme Gedanken.

Auch das übliche Refugium des Fremdsprachenlernenden, Filme und TV-Serien in der Muttersprache anzusehen (wenn möglich in der Muttersprache untertitelt), führt beim Niederländischen ins Nichts. Der Anteil der fiktiven Produktion in Holland ist sehr gering, Shows und Talkrunden machen den Löwenanteil aus. Und die werden natürlich nicht untertitelt. Nein, wer gesprochenes, alltägliches Niederländisch erleben will, dem bleibt nur eine Wahl: Er muss nach Holland gehen und dort Deutsch reden. Wenn möglich in einem schneidenden, preußischen Kasernenhofton. Was er dann zu hören bekommt, wird das reinste Niederländisch sein. Möglicherweise werden ihm die Worte, die er hört, nicht gefallen, aber sie werden von Herzen kommen – darauf kann er sich verlassen.

Drenthe

Drenthe gehört wie Overijssel und Gelderland zu den holländischen Provinzen, die eine Grenze mit Deutschland haben. Das östliche Ende dieser Provinzen – also etwa das, was man früher mit Zonenrandgebiet bezeichnete – läuft im Holländischen unter Bezeichnung *Achterhoek*. Ein anderer Name für die Region lautet *De Graafschap*. In der deutschen Seemannssprache bedeutet »achtern« hinten – und so klingt *Achterhoek* auch ein bisschen nach Hinterwald und Hinterland. Von den Einheimischen wird die Bezeichnung allerdings wie ein Ehrentitel getragen, aber das kennen wir ja schon von den Geusen. Im Achterhoek, da trinkt man nicht Heineken, sondern Grolsch, und die größte Band ist immer noch – wenn man noch auf Bands steht – *Normaal*.

Assen selbst ist eine Beamtenstadt, von den Einwohnern arbeiteten früher viele in **Veenhuizen**, wo sich bis 1981 ein

Gefängnisdorf befand. Das klingt verblüffend. Manch einer meinte vielleicht, dass es nahezu unmöglich ist, in den Niederlanden überhaupt ins Gefängnis zu kommen. Und nun ein ganzes Dorf?

Drenthe gehörte zu den großen Torfgebieten der Niederlande. Was auch ein Grund dafür ist, warum es hier – fern von der Küste – so viele kleine rechteckige Seen gibt, ehemalige Torfabbaugebiete. Um das Jahr 1900 herum gab es hier nichts als Moor, alles was es an Wald und anderer Begrünung gibt, ist erst später dazugekommen oder aufgeforstet worden.

Bei **Yde** fanden die Einwohner 1897 eine weibliche Moorleiche. Es dauerte zwei Wochen, bis sie den toten Körper den Behörden in Assen übergaben. Was sie in der Zwischenzeit mit ihr angestellt hatten, wollte niemand so genau wissen. Obwohl der Leichnam bei der Übergabe reichlich ramponiert war, konnten die Archäologen feststellen, dass das Mädchen einst mit einem Strick erwürgt und im Moor versenkt worden war. Der Engländer Richard Neave, der sich mit der Rekonstruktion von Gesichtern einen Namen gemacht hatte, machte sich in den Neunzigerjahren auch an eine Rekonstruktion des Antlitzes des Mädchens von Yde. Er gab ihr blaue Augen und rötliches Haar. Diese Rekonstruktion kann im Drents Museum in Assen besichtigt werden. Die Besucher waren von dem wiederhergestellten Antlitz so fasziniert, dass im Jahre 1994 eine Miss-Moorleiche-Wahl stattfand. Gewinnen sollte jene Frau, die dem rekonstruierten Leichnam am ähnlichsten sah. Es gab eine Gewinnerin, doch wie sie aussah, ist nicht mehr zu ermitteln.

Die Arbeit im Torf war hart und die Armut in der Gegend groß, weshalb in der nachnapoleonischen Zeit Gesellschaften gegründet wurden, die die Trockenlegung des Moores (*veen* heißt Moor) organisieren und den Anwohnern Arbeit und Brot geben sollten. Sie wurden zu Kolonisten. Daneben gab es noch weitere, die nicht so freiwillig gekommen waren und tiefer im Moor arbeiten mussten. Die Gefangenen wurden von den Bürgern ferngehalten, auf dass sie keinen schlechten Einfluss ausübten. Mitten in der Einöde bauten sie sich schließlich ein eigenes Dorf samt Kirche. An einem der Häuser stand der Spruch: *Kennis is macht.* Also »Wissen ist Macht«. In den Ohren der Insassen kann das auch »Wer jemand kennt, hat Macht« geheißen haben.

Heute gibt es noch drei Gefängnisse in Veenhuizen und ein Museum, in dem man sich über die Zeit im Moor informieren kann.

Coevorden ist eigentlich nur eine Stadt in der Provinz, aber sie erlangte für kurze Zeit Berühmtheit, weil dort noch vor Groningen Erdgas gefunden wurde. Als die Geologen ermittelten, dass die Vorräte zu gering waren, zogen sie weiter nach Norden. In **Dalen**, einem Vorort von Coevorden steht ein Denkmal, welches an die über hunderttausend Niederländer erinnert, die an dem Kolonialkrieg teilnahmen, der von 1945 bis 1950 in Indonesien geführt wurde. Das heißt, ein Kolonialkrieg wäre es gewesen, wenn er von Deutschen angezettelt worden wäre. So aber spricht man im Land von einer »Polizeiaktion«. Das Monument ist eher schlicht, auf dem Sockel steht der Spruch »Niederländisch Indien. Für Ordnung und Frieden - 1945–1950«.

Krieg in den Kolonien

Der Zweite Weltkrieg war sowohl für Deutschland als auch für die Niederlande eine traumatische Erfahrung. Bei den Deutschen machten sich nach zwei verlorenen Weltkriegen eine große Kriegsmüdigkeit und eine tiefe Skepsis gegen den Nationalismus breit. Die Distanz zum Nationalismus wurde in den Niederlanden geteilt, doch von Pazifismus war wenig zu spüren. Für Holland schien die Hauptlektion aus dem Zweiten Weltkrieg zu lauten: Nie wieder Opfer sein.

Da man im Krieg erlebte hatte, wie wenig die Neutralität im Falle eines Falles wert war, gab man sich entschieden pro-amerikanisch, schließlich waren die USA die einzige Macht, die einen vor Invasionen - gleich welcher Feinde - schützen konnten. Auch in Europa trieben die Niederlande die Einigung voran; der Verbund der Beneluxstaaten wurde vielerorts als kleiner Kern der Europäischen Union betrachtet. Das kann man so sehen, allerdings war das Europäertum der Holländer immer mehr Kalkül als Herzenssache. In einem Verbund, bei dem auch die »Kleinen« genauso viel zu sagen hatten wie die »Großen«, war die Gefahr am geringsten, untergebuttert zu werden.

Nicht zuletzt war man, nachdem auch die Japaner in Asien besiegt worden waren, wieder Kolonialmacht, und als Indonesien nach Unabhängigkeit strebte, war es selbstverständlich, dass man Militär einsetzte, um die Bewohner des Archipels von ihrem Plan abzubringen. Dabei kam es auch zu Erschießungen von Aufständischen, Geiselnahmen und Strafaktionen. Wer in dieser Zeit darauf hinwies, dass sich derlei Taten nur graduell von Aktionen der deutschen Besatzer unterschieden, wurde in der Regel zu mehr Sachlichkeit ermahnt.

Holland hatte den Archipel als Kolonie erworben, nachdem die Vereinigte Ostindische Kompanie pleite gegangen war. Die Gewürzinseln waren das Juwel in der Krone, davon wollte man nicht ablassen. Allerdings hatte die Autorität der Kolonialherren während des Zweiten Weltkrieges gelitten. Wer sich als Herr über Sklaven aufspielt, sollte sich nicht von Japanern vertreiben oder von Deutschen besetzen lassen. Dass die Niederlande ihre Besitzung nur zurückbekamen, weil die Angelsachsen in Asien so gnädig waren, trug auch nicht zum Ansehen bei. Zwar gelang es den Holländern, fast den gesamten Archipel wieder unter ihre Kontrolle zu bringen, aber nicht, die überall aufflackernden Guerilla-Kämpfe zu beenden. Schließlich mussten die Niederlande auf den Druck der USA die Unabhängigkeit der Kolonie anerkennen. Die Ruhe zog auch danach in Indonesien nicht ein. Es gab immer wieder Aufstände und Massaker mit Millionen Toten. Man kann es drehen und wenden wie man will, das ostasiatische Abenteuer ist kein Ruhmesblatt der holländischen Geschichte.

Joannes Benedictus van Heutsz war bis zu seinem Tod 1924 der Generalgouverneur von Niederländisch-Indien. Nach seinem Tod erhielt er ein Standbild in Amsterdam und ein Ehrengrab auf einem Friedhof der Stadt. Später erhob sich Kritik. Zum einen von seinem Sohn, der im Zweiten Weltkrieg in einer Widerstandsorganisation kämpfte, die in Deutschland unter dem Namen »Waffen-SS« bekannt war. Ihm war das Denkmal nicht protzig genug.

Später kam Kritik von Leuten, die die Helden von einst einfach für Kriegsverbrecher hielten. 2004 wurde das Denkmal umgewidmet. Es steht jetzt nur noch für Niederländisch-Indien, alle Hinweise auf den Gouverneur wurden entfernt.

Das Örtchen **Wijster** hielt lange nur einen einzigen Superlativ. Hier erhob sich der höchste Berg der Provinz. Er ist stattliche vierzig Meter hoch und aus dem Müll entstanden, den die örtlichen Abfallbetriebe aus den umliegenden Haushalten zusammengekarrt hatten. Am 2. Dezember 1975 kam noch ein weiterer hinzu. Wijster erlebte die erste Zugentführung der Geschichte des Landes. Sieben junge Molukker kaperten einen Bummelzug aus Groningen. Sie brachten die Passagiere und die Besatzung in ihre Gewalt. Das Geiseldrama sollte zwölf Tage dauern, am Ende gab es drei Tote unter den Geiseln zu beklagen. Die Geiselnehmer gaben auf, weil die Polizei es anstelle von Gewalt mit psychologischen Methoden versuchte. Diese Herangehensweise ging als *Dutch Approach* in die Geschichte der Terrorismusbekämpfung ein. Zeitgleich mit dem Zug wurde in Amsterdam das indonesische Konsulat gestürmt. Hier dauerte die Besetzung bis zum 19. Dezember.

Die jungen Molukken waren alle in Holland aufgewachsen. Sie waren Nachfahren jener Angehörigen des königlich-niederländischen Heeres, die während der »Polizeiaktion« an der Seite der Niederländer gekämpft und mit ihnen nach der Unabhängigkeit das Land verlassen hatten. Die niederländische Regierung hatte den Molukken versprochen, sich für einen unabhängigen Staat in ihrer Heimat einzusetzen, aber nach fünfundzwanzig

Jahren waren sie diesem Ziel so nah wie am Tag ihrer Flucht. In den Molukkenlagern herrschte eine Stimmung wie im Gazastreifen.

Auf die Zugentführung von Wijster sollten bis Ende der Siebzigerjahre noch weitere folgen, von denen einige blutig endeten. Das Alltagsklima verschärfte sich, und Niederländer indonesischer Abstammung beklagten sich über den unterschwelligen Rassismus, der ihnen entgegenschlug, wenn sie den öffentlichen Nahverkehr benutzten.

An die deutschen Verbrechen erinnert das Lager **Westerbork**, von wo aus die in Holland gefangenen Juden in die Vernichtungslager in Osteuropa transportiert wurden.

Wie viele Lager auf dem Kontinent hat auch Westerbork eine wechselvolle Geschichte. Obwohl Holland es sich nicht mit Hitler-Deutschland verscherzen wollte, nahm man doch eine große Anzahl Flüchtlinge aus dem Nachbarland auf. Nach der Reichskristallnacht 1938 und den folgenden Pogromen stieg die Zahl der Flüchtlinge so stark, dass man nach einem Lager suchte, wo man sie zumindest provisorisch unterbringen konnte. Zuerst sollte eines in der Nähe des Waldgebiets Hoge Veluwe eingerichtet werden, doch dagegen protestierte der ANWB (das holländisches Gegenstück zum ADAC), weil Ausflügler nicht durch den Anblick von Flüchtlingen verstört werden sollten. So fiel die Wahl die schließlich auf Westerbork. Dieser ursprüngliche Zweck ist einer der Gründe, weshalb Westerbork nicht so düster wirkt wie andere Konzentrationslager weiter östlich.

Als Deutschland Holland überfiel, übernahmen die Nazis das Lager und nutzten es für ihre Zwecke. Ab 1942 galt der Ort als polizeiliches Durchgangslager. Bis zum Kriegsende wurden von hier aus 107.000 Menschen verschleppt. Als das Lager im April 1945 befreit wurde, waren noch zirka 800 Menschen inhaftiert.

Ein Mann mit schrägen Phantasien ...

Tjerk Vermaning war einst ein junger Mann, der in der Provinz Drenthe Rasenmäher und Traktoren reparierte und sich ansonsten sehr für Archäologie interessierte. Als er hörte, dass ganz in der Nähe ein Feuerkeil aus der Steinzeit gefunden worden war, fing er selbst an zu graben. Tjerks Arbeitsthese war, dass schon Neandertaler in Drenthe gesiedelt hätten. Sollte er diese These belegen können, würde das die Fachwelt erschüttern. Denn das würde bedeutete, dass Drenthe schon viel länger – mehr als zehntausend Jahre – besiedelt war als bislang gedacht.

Der Hobby-Archäologe wurde in den Siebzigerjahren fündig. Die Fachwelt war geschockt, das Publikum begeistert. Dem Laien war gelungen, womit die Wissenschaft offenbar überfordert war. Er hatte Fossilien entdeckt, die belegten, dass Drenthe schon zu Zeiten des Neandertalers besiedelt worden war. Vermaning wurde zu einer Berühmtheit. Er kam ins Fernsehen, die Provinzregierung gab ihm eine Pension von mehreren tausend Gulden. Wie es aussah, würde sich Vermaning in Zukunft nur noch seinen Grabereien widmen können.

Doch der Erfolg des archäologischen Wunderkinds ließ die Akademiker nicht ruhen. Vor allem die Archäologen vom Provinzmuseum Drenthe kränkte es tief, dass ihnen offensichtlich ein glücklicher Laie die Show gestohlen hatte.

Sie ließen die Fundstücke untersuchen. Dabei stellte sich heraus, dass ein von dem Hobby-Archäologen präsentierter Schädel frühestens aus dem Mittelalter stammen könnte. Die studierten Professoren zeigten Vermaning an. Er wurde vorgeladen und verhaftet. Vermaning fühlte sich tief gekränkt. Sein Vertrauen in die Welt und in die Wissenschaft war erschüttert. Er ging in Berufung und konnte schließlich erreichen, dass er von dem Vorwurf einer wissentlichen Täuschung freigesprochen wurde. Doch seine Pension und sein Lebensglück erhielt er nicht mehr zurück. Verbände von Amateurarchäologen sprangen ihm zur Seite – was natürlich wenig hilft, wenn einem die Fachwelt die Anerkennung verweigert. Vermaning starb 1987 verbittert. 2008 wurden in Drenthe tatsächlich Überreste eines Neandertalers gefunden.

… und ein Mann mit populären Phantasien

Um Missverständnisse auszuschließen: Anne de Vries war ein Mann. Er wuchs als Junge auf einem abgeschiedenen Bauernhof im Umfeld von **Assen** auf. De Vries war ein gläubiger Mensch, der später als Lehrer arbeitete und eine Bibel für Kinder schrieb, die auch ins Deutsche übersetzt wurde. Sein größter literarischer

Erfolg war ein Roman über einen kleinen Jungen namens Bartje, der bei einer Bauernfamilie auf einem abgeschiedenen Hof aufwächst. Seine Abenteuer sind süßlich und nett erzählt, auf jeden Fall waren sie ein großer Erfolg. Einige Redewendungen aus dem Buch sind in den holländischen Sprachgebrauch übergegangen, so Bartjes Klage *»Ik bid nie veur bruune boon'n«*. Was wörtlich übersetzt heißt: »Ich bete nicht für braune Bohnen.« Da Bartje diese Klage beim Abendessen äußert, wo er nicht das Tischgebet sprechen möchte, da es sowieso immer nur denselben Fraß gibt, kann man sie durchaus auch im übertragenen Sinne verstehen.

Der Bauernbub Bartje gilt landesweit als Symbol für die Provinz Drenthe. Deshalb hat man ihm zu Ehren in Assen ein Denkmal errichtet. Die erste Version war aus Stein und wurde 1954 aufgestellt. Da es aber schnell zum Volkssport wurde, sich an dem Denkmal zu verewigen oder es zu beschädigen, wurde das Steindenkmal 1982 durch eines aus Bronze ersetzt. Das half aber auch nichts, bei einem Junggesellenabschied wurde das neue Monument sogar einmal entführt. Man kann diese Aktionen natürlich auch als Zeichen der Zuneigung interpretieren.

Bauernkrieg im zwanzigsten Jahrhundert

1963 kam es in der Gegend von **Hogeveen** zu einem Zwischenfall, der in die holländische Nachkriegsgeschichte als der »Bauernaufstand vom Hollandscheveld« eingegangen ist. Auslöser war die Weigerung dreier Bauernfamilien, ihre Mitgliedsbeiträge für den Bauernverband zu bezahlen. Die Mitgliedschaft war für jeden Bauern Pflicht, was die drei Familien nicht einsehen wollten. Der Bauernverband belegte sie mit Strafgebühren, die die Familien aus Prinzip ebenfalls nicht bezahlen wollten. Als die Bauern auch den Gerichtsvollzieher von ihrem Grundstück verjagten, als der die Räumung durchsetzen wollte, rückte die Polizei an. Den drei Familien kamen andere sogenannte »freie Bauern« zu Hilfe, die genauso wenig Lust darauf hatten, in den Verband einzutreten wie die Leute von Hogeveen.

Die Auseinandersetzung mit der Polizei entwickelte sich zu einer veritablen Straßenschlacht. Die Polizisten setzten schließlich Schlagstöcke und Tränengas ein und konnten die Bauern von den Grundstücken vertreiben.

In der Nacht nach der Räumung ging eines der Gehöfte in Flammen auf. Warum und auf welche Weise konnte nie geklärt werden. Unter den Protestierenden war auch ein gewisser Hendrik Koekoek (lies: Kuckuck), der im selben Jahr seine Bauernpartei gründete und auf deren Ticket in die Zweite Kammer (= Bundestag) einzog. Koekoek war zwar ein Querulant und nicht frei von Widersprüchen, dennoch gilt die Bauernpartei als erste echte Protestpartei, noch lange vor den Provos und dem Aufruhr der 68er.

Koekoek blieb bis Anfang der Achtzigerjahre Politiker, aber sein Stern begann bald zu sinken, auch weil er sich in den Regeln des politischen Establishments verhedderte. Sein Aufstieg wurde anfangs stark von der populären Zeitung *Telegraaf* unterstützt, weil die froh waren, dass sich endlich mal jemand fand, der es wagte, gegen die mächtige Bauernlobby aufzumucken. Als aber Koekoek anfing, im Parlament andere Politiker der Kollaboration mit den Nazis zu beschuldigen, ohne dafür Beweise erbringen zu können, wendete sich die Stimmung gegen ihn. Als man auf seinem Hof verwahrloste Ponys fand, galt Koekoek als Tierquäler. Von da an dauerte es nicht mehr lange und er war politisch erledigt. Wenn altgediente Parlamentarier den Politikbetrieb verlassen, ist es üblich, dass sie mit dem Orden des Niederländischen Löwen ausgezeichnet werden. Als es 1981 nicht mehr zu einem Abgeordnetensitz reichte, ätzten Konkurrenten: »Was soll Koekoek mit einem Löwen, er kann ja noch nicht mal auf Ponys aufpassen.« Als der ehemals sehr populäre Politiker 1987 verstarb, beschloss das Parlament nach kurzer Beratung, auf eine Gedenkminute zu verzichten.

Tipps Drenthe

Wenn man im Moorland unterwegs ist, sollte man sich auch etwas vom Moor ansehen. Eine gute Gelegenheit dafür ist der Aussichtsturm von **Fochteloërveen** (GPS 52.9837568594, 6.4007814451). (Das »ë« bedeutet, dass »oe« *nicht* wie »u« ausgesprochen wird. Also Fochtelo-Erveen.) Der Turm ist achtzehn Meter hoch und nicht zu übersehen, denn er ist geformt wie eine Sieben.

Bei **Hoogersmilde** findet der Besucher die **Speelstadt Oranje** (Oranje 8, 9416 TC Oranje, www.speelstadoranje.nl). Der Ort, der sich als Kinderparadies versteht und in dem der Nachwuchs so viel spielen und essen kann wie er will, wurde von Hennie van der Most in einer ehemaligen Kartoffelfabrik eingerichtet. Van der Most hat offenbar eine Schwäche für schräge Spielorte. Vor ein paar Jahren kaufte er den Turm des stillgelegten Atomkraftwerks von Kalkar und machte aus ihm das *Kernwasser Wunderland*.

In **Rolde** haben Verehrer der Bart-Romane in der Balloërstraat 2 ein Museum namens **Het dorp van Bartje** (www.dorpvanbartje.nl) eingerichtet. Daneben gibt es hier auch einige Fundstücke des Hobby-Archäologen Tjerk Vermaning.

Die sind auch im **Drents Museum** (Brink 1, 9401 HS Assen, www.drentsmuseum.nl) zu sehen. Dabei enthält sich das Museum bei der Präsentation jeglicher Wertung.

Das **Radioteleskop Westerbork** (Oude Hoogeveensjedijk4, NL-7991 PD Dwingeloo, www.astron.nl) steht bei **Hooghalen**. Die vierzehn Parabolantennen sind auf eine Strecke von knapp drei Kilometern verteilt und wurden 1970 in Betrieb genommen. 1999 wurde das Teleskop modernisiert. Es entspricht nun dem neuesten Standard. Was es genau macht, kann ich aber leider nicht sagen. Irgendwelche Messungen im Verband mit anderen Teleskopen weltweit – wenn ich das richtig verstanden habe.

Exkurs: Presse & Politik

Was an den niederländischen Zeitungen zuerst auffällt, sind ihre Bleiwüsten und ihr Preis. Presseprodukte sind teuer – vielleicht ist das auch der Grund, weshalb das Papier bis zum Rand bedruckt wird. Die größte Tageszeitung des Landes ist der *Telegraaf*, der von seinen Gegnern mit derselben Missachtung behandelt wird wie die *BILD* von ihren Feinden hierzulande. Was nicht ganz fair ist. Zwar ist der *Telegraaf* auch laut und bunt; und auf seinen Leserbriefseiten kommt regelmäßig die Fraktion zu Wort, die bei jedem Problem und Thema immer zuerst »Runter vom Rasen!« ruft. Ebenso sind die Feindbilder klar verteilt und die Freude am Klatsch ist ausgeprägt und wird ausgelebt – aber es fehlt das Hechelnde, diese bei anderen Blättern nicht nur unterschwellige Geilheit aufs Bloß- und An-den-Pranger-Stellen. Eine gewisse bürgerliche Würde kann das Blatt selbst in seinen schwächsten Momenten nicht verleugnen (und will es wohl auch gar nicht). Nicht zuletzt weil der Wirtschafts- und Finanzteil über jeden Zweifel erhaben ist: Ein ausgiebiges Studium des *Telegraaf* vermittelt ein recht umfassendes Bild der Niederlande, Warzen und Schattenseiten eingeschlossen.

Das liberale Gegenstück zum *Telegraaf* ist die *Volkskrant* (Volkszeitung), eine Redaktion mit einem besonderen Interesse für alle Fragen, die sich ums Krankenhaus drehen.

Wenn ein Zeitungstitel so klingt, als sei er aus einem Yps-Gimmick entstanden, also etwa *Het Parool* (Die Parole) oder *Trouw* (Treue) oder *Vrij Nederland* (Freie Niederlande), dann sollte man sich blöde Bemerkungen tunlichst verkneifen. Die Zeitungen sind aus Flugblättern aus den Zeiten des Widerstands gegen die deutsche Besatzung hervorgegangen. *Het Parool* ist heute eine Amsterdamer Lokalzeitung, die gut und ausführlich über die Alltagsprobleme und neuen Trends in der Stadt informiert.

Paper of record, also das landesweite Referenzblatt – wie die New York Times in den USA – war lange Zeit das *NRC Handelsblad*, welches mit FAZ-typischer Gründlichkeit (und Bräsigkeit) alle außen- und innenpolitischen Themen abdeckte.

Die Tageszeitungen gerieten schon vor längerer Zeit unter Druck (kein Wortspiel beabsichtigt). Zwei Gratiszeitungen (*Sp!ts* und *Metro*), die Pendler auf dem Weg zur Bahn aus dem Kasten klauben können, haben den Qualitätsblättern viel (Anzeigen-)Kundschaft weggenommen. Zwar wirkt der Inhalt dieser beiden Postillen über weite Strecken so, als würde man Praktikanten beim Googeln zusehen, aber besteht der »Content« (wie Medienfachleute sagen) nicht über weite Strecken aus genau dem, was Leute anderswo zusammengoogeln? Jedenfalls macht das Netz den Druckerzeugnissen in Holland genau wie anderswo zu schaffen.

Die Buchstabensuppen in den Titeln (wie beim *NRC Handelsblad*) zeigen, dass viele Publikationen aus Fusionen hervorgegangen sind. *RC* war mal der *Rotterdamse Courant*, das *HP* in *HP/DeTijd* steht für *Haagsche Post*.

Auffällig ist, dass die inhaltliche Bandbreite recht schmal ist. Egal, wo die Medien sich politisch verorten, große Trends werden in der Regel einstimmig behandelt. Als zum Beispiel die Globalisierung das große Schlagwort war, gab es kaum – auch nicht in kleinen, manchmal etwas abstrus wirkenden Intelligenzblättern wie *De Groene Amsterdammer* – grundsätzliche Kritik oder Alternativen, sondern fast immer wurde nur diskutiert, wie man mit den Zeitläufen umzugehen habe. Durch die Zeilen der Beiträge schimmerte dabei ein Fatalismus, der entweder etwas Resignierendes oder etwas Weltweises hatte.

Ebenso gemein ist fast allen Publikationen – egal aus welcher Ecke sie kommen – die ausführliche und detailreiche Reportage, in der Randgruppen-Vorurteile bedient werden. Wer Geschichten braucht über marokkanische Jungen, die holländische Blondinen in Schwimmbädern belästigen, oder Migranten-Gangs, die im großen Stil in der Bahn Klamotten und Gepäck abzocken, der wird fast überall gut bedient. Und dort gibt es auch keine Schamhaftigkeit wie abgekürzte Nachnamen oder Beschreibungen wie »südländischer Typ«. Das Bild, das nach dem Lesen von solchen Texten vor dem geistigen Auge entsteht, erinnert eher an Johannesburg oder die Bronx. Es ist bewundernswert, dass sich Leute nach der Lektüre noch auf die Straße trauen.

Die meisten Wochenblätter sehen billig aus und sind es auch. Meist gibt es ältere Nummern im Bündel eingeschweißt zu einem Ramschpreis. Insider sagen, dass man die Krise einer Illustrierten recht gut an ihrer Rotlichtberichterstattung erkennen kann. Gibt es sensationelle Schlagzeilen über Skandale im Casa Rosso oder Umfeld, dann geht es der Publikation meist nicht besonders gut. Derzeit scheint es recht schwierig zu sein.

Wenn wir sagen wollen, wie viel Sprit ein Auto verbraucht, sagen wir z. B.: »Zehn Liter auf hundert Kilometer.« Holländer kalkulieren da anders (ähnlich wie die Amerikaner): »Mein Wagen holt aus einem Liter zehn Kilometer raus.« Ebenso gibt es diesen Unterschied in der Politik. Parteien holen hier keine Prozente, sondern Sitze. Auch bei Meinungsumfragen wird nie die Prozentzahl berichtet, sondern immer nur davon gesprochen, wie viele Sitze eine Partei den nächsten Wahlen bekommen könnte. Offenbar ist das Problem der Überhangmandate in Holland unbekannt. Und wenn jeder die Gesamtzahl der Sitze im Parlament (*Tweede Kamer*) im Kopf hat, dann weiß er auch, wie viele Sitze seine Partei für die absolute Mehrheit nötig hat. Dieser Fall tritt allerdings eher selten ein. Das holländische Parteienspektrum ist bunt, entspricht aber im Wesentlichen seinem deutschen Pendant. Wenn man einen Trend ablesen kann, dann den, dass die Parteien auf der linken Seite sich in der Nachkriegszeit immer weiter fragmentiert haben, während es den konservativ-christlichen Parteien 1980 gelang, sich nach dem Vorbild der CDU zu einer Partei zu vereinigen. Für ihre Mühe wurden die *CDA (Christen-Democratisch Appel)* belohnt, bis auf ein rotgrünes Intermezzo (welches in Holland unter dem Codenamen »Lila« lief) waren sie immer an der Macht beteiligt. Daneben gibt noch einige kleinere und noch christlichere Parteien wie die *SGP (Statkundig Reformeerde Partij)* oder die *ChristenUnie*. Diese Parteien spielen keine allzu große Rolle, die SGP wird aber vor allem in Medien, die sich vor islamistischer Überfremdung fürchten, als standhafter Gralshüter abendländischer Kultur gepriesen. Die Rolle der ChristenUnie scheint vor allem darin zu bestehen, erwartungsgemäß auf jede noch so blöde Provokation zu reagieren. Wenn irgendjemand zum Beispiel den Vorschlag vorbringt, den schon ziemlich angestaubten Porno-Klassiker *Deep Throat* nach 22:00 Uhr im frei empfangbaren Fernsehen zu zeigen, dann findet sich zuverlässig ein Vertreter der *ChristenUnie*, der dieses Vorhaben als absolute Gotteslästerung empfindet. Und schon hat man eine lange und ausführliche Diskussion, in der sich jeder selbst darstellen kann. Das ist gelebte Demokratie.

Die *PvdA (Partij van de Arbeid* – einige deutsche Niederlandebücher übersetzen die Abkürzung mit *Partij voor de Arbeid*, aber dabei kann es sich nur um einen Irrtum handeln. Niemand geht in die Politik, um zu arbeiten) macht eine bessere Figur als ihr deutsches Pendant SPD, was unter anderem damit zusammenhängt, dass sie bislang den Aufstieg von Chefcharismatikern wie Peer Steinbrück oder Frank-Walter Steinmeier verhindern konnte. Derzeit ist die *PvdA* als kleinerer Koalitionspartner an der Regierung beteiligt. Die Mehrheit stellen dort die Liberalen unter ihrem Chef Mark Rutte, der die Fantasie seiner Wähler eine Zeit lang sehr beschäftigte, weil er offenbar weder hetero- noch homosexuelle Neigungen zu zeigen schien. Möglicherweise gibt es in Holland tatsächlich Leute, die den Spruch »Ein Leben ganz für die Politik« ernst nehmen.

Die *SP (Socialistische Partij)* wird von den anderen Parteien – analog zu dem langjährigen Umgang mit der hiesigen Linkspartei und ihren Vorgängern – wie der Gottseibeiuns behandelt. Das kann mit der politischen Vergangenheit einiger ihrer Köpfe zu tun haben, die damals noch stramme Maoisten waren. Das Auftreten und Agieren der Partei erinnert eher an einen Mieterverein, der als Andenken Tomatensuppenschüsseln verkauft (eine geworfene Tomate ist das Symbol der Partei). Von den Zahlen her ist sie recht groß (sie hat fast so viele Mitglieder wie die deutschen Grünen) und scheint immer mal wieder vor einer Machtbeteiligung zu stehen, zerlegt sich aber in der Regel kurz vor der Wahl zuverlässig medial selbst. Die sonstigen linksliberalen Parteien wie *GroenLinks* oder *D66* kennen diese Probleme nicht, sind aber in der Regel auch um ein Vielfaches kleiner.

Der schwarze Ritter der holländischen Parteienlandschaft ist der Rechtspopulist Geert Wilders, der seine *PVV (Partij voor de Vrijheid)* als Ein-Mann-Unternehmen betreibt (eine Mitgliedschaft im klassischen Sinne gibt es bei ihm nicht) und mit seinen Parolen und Programmen die anderen Parteien ins Laufen bringt. Bis 2012 tolerierte seine Partei die Regierungskoalition und konnte so Druck auf die Etablierten ausüben, obwohl die Königin mehrmals zwischen den Zeilen zu verstehen gab, dass Wilders »Holland den Holländern«-Tiraden ihr nicht gefielen. Inzwischen haben auch andere Parteien eine europakritischere Position eingenommen, insofern bleibt abzuwarten, wie sich Wilders weiter entwickelt.

Darüber hinaus gibt es noch einige kleine Parteien mit obskuren Programmen, die man in einem holländischen Parlament einfach erwartet, wie zum Beispiel die Rentnerpartei *50Plus* oder die Partei für die Tiere.

Zeeland

Zeeland ist gewissermaßen Holland in Reinkultur – und mit halb Wasser, halb Festland so etwas wie die Tomate unter den holländischen Verwaltungseinheiten. Die Flüsse Maas, Schelde und ihr Delta teilen Holland in zwei Hälften. Nördlich der Ufer macht man zu anderen Zeiten Ferien als im Süden, und es gibt auch Leute, die meinen Unterschiede in der Mentalität festzustellen. Doch Zeeland liegt vom Rest des Landes – sowohl mental als auch geographisch – noch weiter entfernt als Brabant. Was in dieser Provinz nicht Wasser ist, besteht mehrheitlich aus Inseln und Halbinseln, die sich im Laufe der Zeit im Flussdelta gebildet haben und vielfach ihre Form wandelten. Der ganz südliche Teil – Seeländisch-Flandern – liegt sogar so weit ab, dass er lange Zeit auf dem Landweg nur über Belgien erreichbar war. Erst seit 2003 verbindet der mautpflichtige Scheldetunnel diesen Landstrich mit dem Rest.

Im Wesentlichen verlief die niederländische Geschichte in Zeeland in denselben Schritten wie im Rest des Landes. Nur zur Zeit der napoleonischen Besatzung am Beginn des 19. Jahrhunderts trennten sich kurzzeitig die Wege. Der festländische Süden wurde direkt an Frankreich angegliedert, während der Rest der Niederlande unter dem bemerkenswerten König Lodewijk formal seine Unabhängigkeit behielt. Dennoch würde kaum jemand bestreiten, dass diese Gegend ein Teil der Niederlande ist. Zeeland gehört zu den Gründungsprovinzen und nahm an den großen Handelsexpeditionen ebenso Teil wie an den Aktionen, mit denen unliebsame Konkurrenten ausgeschaltet wurden. Dass das belgische Brügge – im Unterschied zu Antwerpen – heute nur in der Erinnerung als Hafenstadt lebt, hat es auch Zeeland zu verdanken, denn hier sah man es nicht ungern, dass die Zufahrt zur konkurrierenden Handelsmetropole im Laufe der Jahrhunderte immer weiter versandete.

Hauptort im Süden ist das Städtchen **Terneuzen**, wo man unbedingt mal Urlaub machen sollte, wenn man gerne den Ausblick auf weitläufige Chemieanlagen genießen will. Aber trotz dieses etwas trostlosen Ambientes strahlt der Ruf Terneuzens heller in die Welt als man denkt.

Ein gewisser Kapitän Willem van der Decken machte sich 1676 von diesem Hafen aus nach Indien auf. Kurz vor dem Kap der Guten Hoffnung geriet das Schiff in einen Sturm. Der Steuermann wollte mit dem Schiff vor Anker gehen und den Sturm abwarten, aber Kapitän van der Decken wollte davon nichts hören. Er scheint ein ziemlich temperamentvoller Geselle gewesen zu sein. Als der Steuermann auf seiner Meinung beharrte, schmiss der Seebär ihn über Bord, warf ihm seine Kapitänsbibel hinterher und fluchte: »Und wenn ich bis zum jüngsten Tag segeln muss – um das Kap komme ich herum.«

Daraufhin soll sich der Sturm umgehend gelegt haben und vom Himmel eine Stimme verkündet haben: »Willem van der Decken, dein Wille geschehe. Du sollst segeln bis zum jüngsten Tag.«

Und so soll es dann geschehen sein. Von der Besatzung verstarb einer nach dem anderen, bis nur noch der Kapitän übrig war, halb wahnsinnig sein Geisterschiff durch die Wellen führend. Immer mal wieder berichteten Seeleute, sie hätten bei der Umrundung des Kaps der Guten Hoffnung das leere Schiff und seinen verfluchten Kapitän gesehen.

Ebenfalls wird berichtet – und das klingt um einiges glaubwürdiger – dass Richard Wagner im Jahre 1831 auf einer Fahrt nach Antwerpen von dieser Legende hörte – 1843 wurde die Oper *Der fliegende Holländer* in Dresden uraufgeführt. Im Libretto heißt der auf dem Wasser herumirrende Kapitän Bernard Fokke, möglicherweise hat Wagner den Namen geändert, um Unschuldige und Angehörige zu schützen. Vielleicht aber stammt seine Inspiration auch ganz woanders her. Auf jeden Fall ist es eine hübsche Geschichte.

Zeeland und Seefahrt

Wie der Name vermuten lässt, ist die Geschichte von Zeeland eng mit der Seefahrt verbunden. Die holländischen Kaufleute und Seefahrer, die sich als Stockfischimporteure und Getreidehändler in der Konkurrenz zur deutschen Hanse etabliert hatten, wollten auch gerne zu den ganz Großen aufsteigen. Einmal von den spanischen Fesseln befreit, schossen die Niederlande wie von einem Katapult abgeschossen in die erste Reihe der europäischen Großmächte.

Während Deutschland in Kleinstaaterei verfiel oder – schlimmer noch – während des Dreißigjährigen Krieges ein Drittel seiner Bevölkerung verlor bei der Klärung der Frage (um es mit Jonathan Swift zu formulieren), ob man ein Ei korrekterweise am stumpfen oder am spitzen End aufschlägt, wurden die Niederlande Handelsmacht Nummer eins. Der Krieg beim großen Nachbarn war den Holländern nicht unwillkommen, denn sie gingen richtigerweise davon aus, dass die Auseinandersetzung ihre katholischen Konkurrenten (Spanien, Frankreich) schwächen würde. Als 1648 in Münster endlich Frieden geschlossen wurde, waren die Niederlande ein souveräner Staat, der alle Verbindungen zum Heiligen Römischen Reich Deutscher Nation gekappt hatte.

Im Goldenen Zeitalter hatte das immer weiter wachsende Imperium einen riesigen Personalbedarf. Zeitweise kam beinahe die Hälfte aller Matrosen aus dem Ausland. Da unter der holländischen Bevölkerung ein Frauenüberschuss von mehr als einem Drittel herrschte, waren auch ledige Männer – sonst und in späteren Jahren als Konkurrenten argwöhnisch beäugt – willkommen. Neben Juden von der Iberischen Halbinsel und Hugenotten, die aus Frankreich kamen, gehörten auch viele Deutsche zu den Einwanderern. Besonders beliebt waren sie bei den Holländern nicht. Sie galten als stumpf und provinziell, als Tölpel mit zehn Daumen, die in der Regel nur für einfachste Arbeiten zu gebrauchen waren.

Der Aufstieg der Handelsnation hatte auch eine kulturelle Blüte zur Folge. Neben den vielen protzigen Stillleben gab es unzählige Porträts feister Kaufleute, die in ihren prunkvollen Grachtenhäusern in Zimmern hingen, die nur über die typisch steilen Treppen zu erreichen waren. Zudem entwickelte sich ein blühendes literarisches Leben. Es entstand eine Debatten- und Streitkultur, eine sprießende Textproduktion und ein vitales Bühnenleben. All diesen Dingen war gemein: Sie waren dem Ausland herzlich egal. Das gilt über weite Strecken auch heute noch für das holländische Geistesleben, und vermutlich schmerzt es die Akteure dieser Tage genauso wie ihre Vorfahren. Amsterdam galt schon damals als ein Ort, an dem man denken, sagen und tun konnte, was man wollte. Eine Gelegenheit, die von ausländischen Geistesgrößen wie Voltaire gerne genutzt wurde. Auch wenn der Philosoph Spinoza hier die Erfahrung machte, dass man – wenn man nur lange genug nachdachte – es sich letztlich mit jeder Autorität versaut.

Quelle allen Reichtums blieb über Jahrhunderte die Handelsflotte. Pro Jahr wurden in den Niederlanden im Durchschnitt fünfhundert Schiffe gebaut, über zehntausend Menschen arbeiteten auf den Werften, und in den Häfen wurden Boote aus aller

Welt gewartet und repariert. Der Schiffbau brachte dabei nicht nur Holland Wohlstand. Er verschlang Unmengen an Holz, und die mussten ja irgendwo her kommen. Der kühl kalkulierende Holländer-Michel aus Hauffs Märchen *Das kalte Herz*, der für seinen Wagemut, seine Baumstämme nicht nur bis Köln, sondern weiter bis nach Rotterdam zu flößen, mit glitzernden Gulden belohnt wurde, hat hier sein reales Vorbild.

Die Heimat des Hüters des Vaterlandes

Die Hauptstadt von Zeeland heißt **Middelburg**, aber die etwas größere – und auch etwas schönere – Stadt in Zeeland heißt **Vlaardingen**. Und die kann außerdem noch von sich behaupten, dass sie den Retter des Vaterlandes hervorgebracht hat.

Die holländischen Seefahrer waren überwiegend Kaufleute, manchmal Piraten, ein paar Admiräle waren auch dabei. Und der größte von ihnen war Michiel Adriaenszoon de Ruyter. Seine Funktion in der Geschichte der Niederlande ist etwa mit der von Friedrich dem Großen in Preußen zu vergleichen. In den vier Seekriegen zwischen England und Holland konnte er zwar nicht verhindern, dass die Engländer die Niederländer zur Seite drückten, aber ohne seine Standhaftigkeit und sein seemännisches Können hätte Holland wohl gar keine Chance gehabt.

Da seine Witwe gleich nach seinem Ableben dafür sorgte, dass der »Retter des Vaterlandes« in einer sehr, sehr schmeichelhaften Biographie verewigt wurde, kann man gar nicht mehr vermeiden, dass sich die Lebensgeschichte de Ruyters wie die eines Heroen aus einer Sage liest.

Der künftige Admiral wurde 1607 geboren. Wegen mangelnder Disziplin flog er bald von der Schule und ging schon als Elfjähriger zur See. Er fuhr auf Handelsschiffen um die Welt, segelte auf einem Walfänger und ließ sich als Pirat anheuern. Als De Ruyter fünfundvierzig Jahre alt war, heiratete er zum dritten Mal und wollte sich eigentlich in seiner Heimatstadt zur Ruhe setzen. Doch dann war das Vaterland in Gefahr. Die Regierung trug ihm das Amt des Flottenvogtes an. De Ruyter erkannte sofort, dass man an dieser übermächtigen Aufgabe nur scheitern konnte, aber sein Pflichtbewusstsein und seine Vaterlandsliebe obsiegten und er nahm den Ruf an.

Mehr als zwanzig Jahre dient er der Admiralität. In drei Kriegen schlug er die Engländer, zwar nicht vernichtend, aber doch jedes Mal so, dass sie mit der Zeit einigen Respekt gegenüber den Holländern entwickelten. Bis dahin war *»dutch«* aus ihren Mündern vor allem ein Schimpfwort gewesen. *»Double dutch«* nannte man die Sprache eines Menschen, der sich nie festlegen wollte und immer um den heißen Brei herumredete. *»Dutch courage«* bezeichnete niemand anderen als einen Besoffenen, der betrunken den Mund zu voll nahm.

Darüber hinaus schlug De Ruyter auch noch die schwedische und die portugiesische Konkurrenz – und wenn er gerade nichts anderes zu tun hatte, machte er sich auf die Jagd nach Seeräubern, die den Schiffen der Holländer vor den arabischen Küsten auflauerten.

Inzwischen nach Amsterdam verzogen, bat ihn das Vaterland 1675 erneut um seine Dienste. De Ruyter sollte diesmal dem alten Konkurrenten Spanien gegen dessen Feind Frankreich beistehen. De Ruyter erkannte sofort, dass die französische Flotte übermächtig war, doch er zögerte nicht eine Sekunde und nahm den Auftrag an.

1676 wurde er bei einer Seeschlacht vor dem Ätna verwundet und starb kurz darauf an Wundbrand. Die Nachfahren De Ruyters veröffentlichten 1687 einen Wälzer mit elfhundert Seiten, in dem *Das Leben und die Taten des Herrn De Ruyter* in einem ähnlichen Ton wie in diesem Abschnitt geschildert wurden.

Natürlich waren die Erben daran interessiert, dass das Lebenswerk des Admirals im hellsten Licht strahlte, aber auch objektive Historiker gestehen zu, dass De Ruyter eine außergewöhnliche Persönlichkeit war, ohne die die Geschichte Hollands anders verlaufen wäre. Hinzu kommt, dass sich in der Biographie des Mannes, der vom ungestümen Jungen zum verantwortungsvollen Oberbefehlshaber aufstieg, welcher allen Anforderungen gerecht wurde, viele seiner Landsleute wiederfanden bzw. wiederfinden wollten.

Es gehört zum Glück der holländischen Geschichte, dass das Land in kritischen Phasen immer die Geister fand, die groß genug waren, das Schicksal in die richtigen Bahnen zu lenken. Dass man diese Größen im Ausland oft nicht kennt, schmälert ihre Leistung nicht.

Grenzüberschreitungen

Hier im Süden, in der direkten Nachbarschaft, merkt man häufig, wie die Atmosphäre »belgischer« wird. Obwohl das offiziell wohl kaum jemand zugeben würde. Ein gutes Beispiel ist das Städtchen, welches hinter der Grenze zur belgischen Provinz Flandern liegt. **Hulst** wirbt damit, das am meisten burgundische Städtchen Hollands zu sein. Aber wie es so oft bei Werbesprüchen ist, werden auch nur profanere Realtäten übertüncht.

Die Stadt ist bei belgischen Touristen beliebt. Als es noch den Gulden und den Franken gab, blühte der kleine Grenzverkehr vor allem deshalb, weil die Belgier der Stabilität der nördlichen Währung mehr trauten als der ihrer eigenen. Heute kann man immer noch zum Butterkaufen und zum Besuch der zahlreichen Sexshops über die grüne Grenze fahren. Hulst ist außerdem ein gutes Beispiel dafür, dass den Holländern Toleranz auch mal ganz brutal verordnet werden kann.

Als die Niederländer ihre Unabhängigkeit von den Spaniern erkämpft hatten, nahmen sie den Katholiken die Basilika des Heiligen Willibrodus weg und machten aus ihr ein evangelisches Gotteshaus. Das blieb so, bis 1806 Napoleon ins Land einmarschierte. Der verfügte, dass sich die Christen fortan das Gebäude zu teilen hatten. Die Protestanten sollten sich für ihren Gottesdienst im Kirchenschiff versammeln, die Katholiken im Chor. Diese Regelung hatte bis 1929 Bestand. Danach durften die Katholiken die Kirche wieder ganz allein nutzen.

Ein Wasserwerk als Weltwunder

Deiche gibt es in den Niederlanden schon seit der ersten Jahrtausendwende (also 1000). Deren Fehler deckt mit ziemlicher Sicherheit das Wasser früher oder später auf. So auch bei der Allerheiligenflut 1170, bei der die Insel Texel und die Zuiderzee von der Nordsee abgeschlossen wurden. Um nach der Flut von 1916 diesen Abschluss dauerhaft zu machen, wurde in den Zwanzigerjahren des letzten Jahrhunderts der *Afsluitdijk* geschaffen. Der dreißig Kilometer lange Damm verbindet Nordholland mit Friesland. Da er zur einer Zeit entwickelt wurde, als von Planung und Entwurf am Computer noch nicht einmal geträumt werden konnte, blieb den Ingenieuren nichts anderes übrig, als anfangs ein kleines Modell zu bauen und den Deich mit Sand aus Schubkarren Stück für Stück aufschütten zu lassen. Ursprünglich war auch noch eine Trasse für eine Eisenbahn vorgesehen, aber auf die wurde später zugunsten des Ausbaus zur Autobahn verzichtet.

1953 kam es zur letzten großen Sturmflut. Dabei zeigte sich, dass der Abschluss-Deich sein Geld wert war. Er hielt. Weiter im Süden hatte man nicht so viel Glück. Eine Springflut und ein starker Nordweststurm sorgten dafür, dass die Wasserstände bis dahin ungekannte Höhen erreichten. In der Nacht vom 31. Januar auf den 1. Februar brachen die Dämme. Das Meerwasser überflutete das Gebiet von drei Provinzen, eintausendachthundert Menschen verloren ihr Leben, hunderttausende wurden obdachlos. Nur zwanzig Tage nach der Katastrophe wurde beschlossen, Übeln wie diesen ein für alle Mal ein Ende zu bereiten. Der Plan für die Deltawerke wurde geboren. Die Mündungen von Rhein, Maas und Schelde sollten mit gigantischen Toren regulierbar gemacht werden, sodass in Zukunft nur noch so viel Wasser landeinwärts fließen kann, wie der Mensch es möchte. Im Endeffekt wirkt das Bauwerk wie ein riesiger Hahn, mit dem man den Wasserstand an der Küste regulieren kann. Um die Sinnlosigkeit eines Vorgehens zu demonstrieren, sprechen Holländer – wie schon erwähnt – gern davon, dass jemand »den Boden aufwischt, obwohl noch weiter Wasser aus dem Hahn läuft«. Bei den Deltawerken haben sie genau das getan. Und waren dabei ziemlich erfolgreich.

Die Deltawerke sind ein Jahrhundertwerk. Obwohl die Arbeiten seit 1997 als abgeschlossen gelten, gibt es immer wieder Erweiterungen und Verfeinerungen. Die riesigen Tore und Schleusen sehen aus, als wäre hier ein Zyklop zum Spielen auf die Erde gekommen; und die gottgleichen Eingriffe lösten bei vielen Menschen Besorgnis aus. Der Salzgehalt des Wasser änderte sich durch die Konstruktionen beträchtlich, Fischer im Delta fürchteten um ihre Existenz. Mittlerweile sieht es so aus, als hätte man tatsächlich alle Interessen und Bedürfnisse unter einen Hut bekommen.

Tipps Zeeland

Die **Sint-Baafskerk** (Sint Bavostraat 5) ist eine der ältesten Kirchen der Niederlande. Auch **Aardenburg**, die Stadt, in der das Gotteshaus steht, hat ein beeindruckendes Alter vorzuweisen. Die Ansiedlung geht noch auf die Römerzeit zurück.

Das Dorf **Nummer Éen** wurde 1778 als erstes auf dem trockengelegten Hoofdplaatspolder errichtet. Und seitdem trägt es diesen Namen. Ehrlicherweise ist das auch schon das berühmteste an der ganzen Gründung. Ansonsten gibt es nicht viel mehr zu sehen. Aber man war halt einmal Nummer eins.

Das **National Monument Watersnood Museum** bietet naheliegenderweise viele Informationen über den ewigen Kampf der Holländer gegen das Wasser unter besonderer Berücksichtigung der Flut von 1953 (Weg van de Buitenlandse Pers 5, NL-4305 RJ Ouwerkerk, www.watersnoodmuseum.nl).

Das Restaurant **Oud Sluis** am Beestenmarkt in **Sluis** war bis Weihnachten 2013 die Wirkungsstätte des Sterne-Kochs Sergio Herman. Wenn man sich die Gegend betrachtet, staunt man, dass sich ein so qualitätsvolles Etablissement hier so lange halten konnte. Sergio Herman kocht nun im Pure C (Boulevard de Wielingen 49, www.pure-c.nl) in **Cadzand**.

In **Eede** (Koningin Wilhelminaplein) steht ein Denkmal, das an den 13. März 1945 erinnert, den Tag als Königin Wilhelmina nach fast fünf Jahren englischem Exil zum ersten Mal wieder niederländischen Boden betrat.

Vor dem Stadthaus von **Middelburg** steht **De Fontein**, eine Skulptur des russischen Künstlerpaares Ilja und Emilia Kabakow. Sie stellt zwei Stühle dar, die links und rechts von einem Modell des Stadthauses platziert sind. Wenn man sich auf die Stühle setzt und in ein Loch des Stadthausmodells starrt – angeblich gibt es dort etwas zu entdecken – startet unter dem Stuhl ein Wasserstrahl. Das ist witzig gemeint.

In **Seerooskerke** gibt es ein **Praathuis**. Das ist so etwas wie ein Bushäuschen ohne Haltestelle. Irgendjemand in dem Dorf fiel auf, dass die alten Leutchen sowieso dauernd draußen sitzen und plauschen. Da konnte man ihnen doch auch gleich eine kleine Quatschbude bauen. Derartige »Praat-Häuser« gibt es auch in anderen Dörfern der Gegend.

Fort Rammekens (Rammekensweg, NL-4389 TZ Ritthem, www.fortrammekens.nl) diente nach dem Krieg kurz als Konservenfabrik, jetzt kann es besichtigt werden. Hier finden sich auch noch Exemplare von Mini-U-Booten des Typs *Biber*, mit denen junge Soldaten in Kamikaze-Einsätzen in den Tod geschickt werden sollten.

Exkurs: Sklaven

Das Kolonialreich der Niederländer war im Vergleich zum Mutterland riesig, aber im Verhältnis zu jenen den Globus umspannenden Imperien der Engländer und Franzosen eher klein, weshalb die Niederländer auch hier lange mit ihrem Image vom *»klein landje«* kokettierten.

Von den zehn Millionen Menschen, die im Laufe von dreihundert Jahren von Afrika nach Lateinamerika verschleppt wurden, traten eine halbe Million ihre unfreiwillige Reise an Bord von holländischen Schiffen an. Da realistische Schätzungen davon ausgehen, dass auf einen überlebenden Sklaven drei tote kamen, kriegt die menschliche Tragödie eine noch größere Dimension. Insgesamt dürften es wohl anderthalb Millionen gewesen sein. Und dass die holländischen Händler die eigentliche Drecksarbeit des Sklavenfangens muslimischen Potentaten vor Ort überließen und sich selbst nur um den Transport kümmerten, kann auch nicht wirklich als mildernder Grund angeführt werden.

In den Niederlanden wurde die Sklaverei erst am 1. Juli 1863 abgeschafft, später als die Leibeigenschaft in Russland, später als die Sklaverei in den USA. Da sich dieses Datum 2013 zum 150. Mal jährte, nutzte die niederländische Regierung die Gelegenheit, ihr Bedauern über die Vorfälle aus der Geschichte auszudrücken. Auch König Willem Alexander nebst Gattin Máxima war bei der Veranstaltung zugegen, die durch protokollarische Ehren (es wurden einundzwanzig Salutschüsse abgefeuert) zusätzliches Gewicht bekam.

Auch von Reue war die Rede, jedoch gab es kein Schuldeingeständnis. Das war den Nachfahren der einstmals verschleppten Sklaven zu wenig. Wie es aussieht, werden sie auf eine Anerkennung der Schuld noch warten müssen.

Zu den Bräuchen, die aus der Kolonialzeit bis heute überlebt haben, gehört der *Zwarte Piet*, wörtlich: schwarzer Peter. Er ist Gehilfe des Nikolaus, der im Dezember durch den Schornstein kommt, um die braven Kinder mit Süßigkeiten zu belohnen und die unartigen mit einer Rute zumindest symbolisch zu bestrafen. Äußeres Kennzeichen des Schwarzen Peters sind sein dunkles Gesicht (zweifach geschwärzt, von der Natur und von dem Ritt durch den Schornstein), seine knallroten Lippen und seine Pluderbuchsen. In der Vorweihnachtszeit wird der *Zwarte Piet* auch gern von Weißen dargestellt, die sich zu diesem Zweck das Gesicht dunkel anmalen und die Lippen rot überzeichnen. Für viele Holländer sind die Besuche des Schwarzen Peters Teil ihrer Kindheitserinnerungen, die sie auf keinen Fall missen wollen und auch gern an kommende Generationen weitergeben wollen.

In die Kritik kam der Schwarze Peter immer wieder einmal, da er gezeichnet oft so aussieht wie die schwarzen Sänftenträger in *Asterix und Cleopatra* (die roten Lippen sehr dick, der Blick sehr einfältig). Die Leute merkten an, dass es sich um die Karikatur einer Rasse und nicht um ein Individuum handelte.

Quinsy Gario ist ein junger Theatermensch (Jahrgang 1984), der zwar schon einige Preise eingeheimst hatte, aber ansonsten auf den Bühnen des Landes noch nicht wirklich in Erscheinung getreten war. Im Sommer 2011 startete er zusammen mit einem Kollegen die Kampagne *»Zwarte piet is racisme«* (»Der Schwarze Peter ist rassistisch«). Nachdem er bei einer Demonstration von der Polizei verhaftet wurde, gab es auch die entsprechenden Bilder in den Nachrichten. Viele, viele TV-Auftritte folgten. Da Q. Gario ein fein lächelnder, höflich auftretender junger Mann ist, war es nicht einfach, ihm entgegenzutreten, wenn er sagte, dass er sich als Schwarzer durch den *Zwarten Piet* beleidigt fühlte, denn es ließe sich nun nicht einmal leugnen, dass seine Vorfahren von den Holländern als Sklaven ins Land geholt wurden.

Zu anderen Zeiten hätte man in dieser Frage vermutlich schnell eine Lösung gefunden, die allen Beteiligten geholfen hätte, das Gesicht – und zwar im wortwörtlichen Sinne – zu wahren, aber der Zeitgeist sprach dagegen. Die Angst, von einer Kultur unterwandert zu werden, die einem fremd und unheimlich erscheint, war sowieso nicht gerade klein, und später stellte sich bei manchem unterschwellig ein Abwehrreflex ein: »Erst kommen die Schwarzen und leben von unseren Steuern, und dann wollen sie unseren Kindern Weihnachten wegnehmen.« Jedenfalls wurde das Thema schnell zum Politikum und verschwand nicht aus den Schlagzeilen. Bei Straßenumfragen zeigten sich die Passanten geteilter Meinung: Einige hatten kein Problem mit der Figur und wollten den Schwarzen Peter gerne an die nächste Generation weitergeben, Andere sagten, dass sie die Figur demütigend finden, denn der *Zwarte Piet* ist nun mal eindeutig ein Klischee und kein Individuum.

Die Fronten schienen unversöhnlich zu sein. Dann meldete sich Doutzen Kroes zu Wort. Sie ist ein weltbekanntes weißes Modell von der Sorte, wie sie Holland alle paar Jahre hervorbringt, und sie hat einen schwarzen Freund. Sie pflichtete bei: »Ja, mich ärgert der *Zwarte Piet* auch.« Die Positionen verhärteten sich weiter. Versuche von Wissenschaftlern, nachzuweisen, dass es sich bei dem *Zwarten Piet* eigentlich um einen Sarazenen handele, wurden nicht akzeptiert. Es ist naturgemäß schwierig, in dieser Sache eine Prognose abzugeben. Es gab jüngst weitere Gerichtsurteile, vor kurzem ist der Anwalt der Anti-Rassismus-Kampagne zurückgetreten, weil ihm die Drohungen zu viel wurden. Es spricht einiges dafür, dass man am Ende doch noch einen typisch holländischen Kompromiss finden wird. Etwa: Die Hautfarbe des Schwarzen Peters ist undefiniert, aber sie ist schwarz, weil er eben durch den Schornstein kommt. Und vielleicht kriegt er in der Legende auch noch etwas mehr individuelle Züge.

Overijssel

Overijssel, also das Land, das »über« dem Fluss IJssel (altdeutsch: Jissel) liegt, war ganz früher mal eine Domäne des Bistums Utrecht. Wie auch die umliegenden Landen Drenthe, Groningen und Friesland. Aber diese Gebiete hatten sich alle früher oder später vom Kirchenfürsten losgesagt, nur Overijssel war unter seiner Obhut geblieben. Ob das Gewohnheit war oder Gottesfurcht, darüber mögen andere urteilen, auf jeden Fall ist der Boden hier nicht frei von religiösen Schwingungen.

Overijssel ist die erste Provinz, durch die man mit dem Auto kommt, wenn man aus Richtung Hannover/Berlin in die Niederlande reist. Wenn nicht gerade ein brisantes Fußballspiel auf dem Plan steht oder Bauern die Straßen mit ihren Traktoren sperren, verläuft der Grenzübergang unmerklich. Wenn es nicht plötzlich eine Geschwindigkeitsbegrenzung gäbe, wäre die erste und für eine Zeit lang einzige Veränderung, dass plötzlich alle Brücken einen Namen haben. Es ist zwar nicht bewiesen, dass die Provinzhauptstadt **Zwolle** die langweiligste von allen ist, aber einen Platz unter den ersten Drei dürfte sie jederzeit einnehmen. Sie gilt als öde und farblos. Man könnte sie sich vielleicht auch als das Bielefeld Hollands vorstellen. Und wie aus Bielefeld kommen auch aus Zwolle verblüffend viele Medienmenschen und Prominente (unter anderem Herman Brood), die dann später von ihrer Heimatstadt so sprechen, als würden sie sich für sie schämen. Wenn Groningen Ostelbien ist, dann scheinen wir hier schon fast in Sibirien zu sein.

An der Ostgrenze zu Deutschland verlief auch die sogenannte IJssel-Linie. 1950 wurde zwischen Nimwegen und Kampen die IJssel-Linie angelegt. Der Graben war einhundertzwanzig Kilometer lang und zehn Meter breit. Mit ihm sollten sowjetische Panzer daran gehindert werden, nach Friesland durchzubrechen. Hinter der Linie gab es Bunkerlazarette, in die Front waren Löcher für Sherman-Panzer eingegraben und in der Nähe der großen Flüsse waren Stauwehre errichtet worden, mit deren Hilfe man den Graben hätte fluten können.

Schon Mitte der Sechzigerjahre erkannte man, dass sich ein solches Bauwerk schlecht mit der aktuellen Nato-Strategie verträgt, und begann, die Linie langsam wieder abzutragen.

In **Vriezenveen** waren die Verbindungen nach Russland etwas freundlicher, wenn auch strikt geschäftlich. Nachdem Peter der Große sich in Amsterdam über Schiffsbaufragen und modernen Städtebau informiert hatte, kehrte er nach Russland zurück, wo er an der Mündung der Newa seine Neugründung St. Petersburg aus dem Morast stampfte. Die Stadt wuchs schnell, unter seiner Nachfolgerin Katharina der Großen noch schneller, und der Neubau wirkte wie ein Boomprogramm für die westeuropäische Wirtschaft.

Overijssel war schon damals eine Hochburg der Textilverarbeitung. Im Schlepptau der vielen Deutschen, die nach St. Petersburg gingen, um dort Geschäfte zu machen, folgten auch viele Holländer aus Vriezenveen, die für ihre Leinentücher dankbare Abnehmer fanden. Im Laufe der Zeit entstand in St. Petersburg eine holländische Kolonie, die Warenhäuser und Geschäfte unterhielt. Die Verbindungen dauerten bis zur Oktoberrevolution im Jahre 1917 an, dann kehrten die – wie man sie mittlerweile nannte – »Russen von Vriezenveen« wieder in ihre Heimat zurück. Da sie in der Fremde nur geschäftliche Beziehungen zu den Russen unterhielten, hinterließen sie nach ihrer Abreise auch keinerlei Spuren.

In Overijssel finden sich die nördlichsten Ausläufer des sogenannten holländischen Bibelgürtels. **Staphorst** ist sogar die Wiege einer Glaubensrichtung der Reformierten Kirche. Es liegt mir fern zu behaupten, in Kirchenfragen auch nur durchschnittliche Kenntnisse zu haben, aber dem sehr weit außenstehenden Betrachter drängt sich die Vermutung auf, dass es gerade von den protestantischen Kirchen in Holland viele Varianten und Abspaltungen gibt, die argwöhnisch darauf achten, dass keiner im Glaubensgarten des anderen wildert. Aber warum ist das so? Können die nicht alle, tolerant wie sie sind, unter einem Dach miteinander leben?

Tatsächlich Toleranz

Die Toleranz der Niederlande ist, trotz aller jüngsten Entwicklungen, eine Realität, aber man darf sich über ihre Natur keine Illusionen machen. Ein tolerantes Holland bedeutet nicht, dass das ganze Land duldsam wie Gandhi dahockt und sich von jedem gegen die Windel treten lässt. Und es bedeutet auch nicht, dass – nur wenn der Preis stimmt – alles und jeder gekauft werden kann.

Nachdem die Niederlande das spanische Joch abgeschüttelt hatte, waren die Calvinisten in den Handelsmetropolen tonangebend in Religionsfragen. Aber sie gaben bei weitem nicht immer die stärkste Glaubensrichtung vor. Es gab immer noch Katholiken in beträchtlicher Zahl, darüber hinaus verschiedene andere protestantische Schattierungen und eine nicht geringe Anzahl von – wie man heute in Wahlumfragen sagen würde – Unentschlossenen. Man darf dabei nicht vergessen, dass der Protestantismus gegen Ende des 16. Jahrhunderts noch eine relativ neue Erfindung war. Selbst Menschen, die die Neigung hatten, sich zu ihm zu bekennen, wollten erstmal sehen, welche Fraktion denn wohl die größten Überlebenschancen hatte.

Darüber hinaus hatte jedes religiöse Bekenntnis auch geopolitische Folgen. Katholiken wurden verdächtigt, im Falle eines Falles als fünfte Kolonne der Erzfeinde Spanien und Frankreich zu wirken. Wenn die Calvinisten in das andere Extrem verfielen und ihre eigene Religion mit missionarischem Eifer durchsetzen wollten, dann würden sie möglicherweise England vor den Kopf stoßen. Dort sah man das calvinistische Schottland als Gegner und wollte natürlich nicht, dass die Schotten eines Tages zu der Erkenntnis kommen, sie hätten auf dem Festland einen seetüchtigen Verbündeten, mit dem sie bei einer Auseinandersetzung gegen England rechnen könnten.

Hinzu kam, dass die Niederlande immer unter Bevölkerungsmangel litt. Die Ressource Mensch, die von den angrenzenden Potentaten achtlos auf den Schlachtfeldern verplempert wurde, war hier schon allein deshalb kostbarer, weil sie selten war. Außerdem konnte sich Holland aufgrund seiner geographischen Struktur weder lange Kämpfe noch aufwendige Entscheidungsschlachten leisten.

Das Resultat dieser Umstände war ein Mix aus Dulden, Locken, Drohen und Belohnen, der gemeinhin unter Toleranz verbucht wurde, aber vielschichtigere Gründe hatte. In einigen Gemeinden wurden Unentschlossene als Freunde der Kirche umworben, in manchen Gemeinden wurde Katholiken unter Auflagen und Geldbußen die Messe erlaubt; in anderen hingegen wurden sie argwöhnisch beäugt. Auch die Juden und Hugenotten waren zuallererst als Träger von Know-how interessant. Sie schwächten mit ihrer Flucht die Wettbewerber in Antwerpen und auf der Iberischen Halbinsel, was aber noch lange nicht bedeutete, dass sie dieselben Rechte wie die holländische Oberschicht hatten.

Um Konflikte zu vermeiden, galt (und gilt) die alte Fahrschulregel: Paragraph eins, jeder macht seins. Und wenn es doch zu Konflikten kam, wurden (und werden) sie so lange wie möglich ignoriert, weil sich schon mehrmals gezeigt hatte, dass sich viele Probleme auch von selbst lösen. Ex-Bundeskanzler Helmut Kohl war – wie seine Landsleute – in Holland nicht unbedingt beliebt, aber seine Technik des Aussitzens wäre den Niederländern vermutlich sehr sympathisch gewesen.

Auch in den Sechzigerjahren war die relative Laisser-faire-Atmosphäre (die nicht immer verhindern konnte, dass es zu heftigen Straßenschlachten kam) weniger das Ergebnis von Sympathie als von nüchterner Kalkulation. Wie aufwendig und letztlich nutzlos ein Repressionsapparat ist, hatten die Niederlande während der deutschen Besatzung erlebt. Warum sollten sie da nicht versuchen, es anders und billiger zu machen?

Nicht zuletzt darf man nicht vergessen, dass die Kehrseite der praktizierten Toleranz ein tiefes Desinteresse am Schicksal des Nachbarn ist. Und die heißt dann Apartheid.

Wenn ein Ort nun auch schon **Ommen** heißt, dann muss man wohl damit rechnen, dass sich früher oder später jemand einfindet, der sich Krishnamurti nennt und hier eine neue Religion gründen will. Und genau das passierte in Ommen in den Zwanziger- und Dreißigerjahren des letzten Jahrhunderts.

Krishnamurti kam aus Indien, war das achte Kind eines Brahmanen und verkündete die Lehre vom Stern im Osten. In Ommen und anderswo wollte er Lager gründen, in denen sich die Anhänger des neu gegründeten Ordens versammeln konnten, um ihrem neu gewonnenen Glauben zu frönen. Krishnamurti muss sehr überzeugend gewesen sein. Örtliche Landbesitzer stellten ihm Grund und Boden für seine Camps zur Verfügung und schlossen sich begeistert seiner Lehre an.

Es dauerte nicht lange und in den Sternlagern gab es Bibliotheken, Postämter und Telegrafenstationen. Dann geschah etwas Ungeheuerliches: Krishnamurti war in sich gegangen und zu der tiefgreifenden Erkenntnis gelangt, dass ihm die ganze Heldenverehrung seiner Anhänger gehörig auf den Keks ging. Er fand es nicht richtig, dass Menschen ein anderes irdisches Wesen mit so viel Hingabe anhimmelten. Was nach meiner Meinung beweist, dass er kein richtiger Heiliger gewesen sein kann, denn so etwas hat man doch noch nie von einem Religionsstifter gehört. Krishnamurti beschloss, seinen Orden aufzulösen und zog sich zurück. Da seine Anhänger sich aber schon so an den neuen Kult gewöhnt hatten, machten sie auch ohne ihn noch bis 1938 weiter.

Die Region Twente und ihre Hauptstadt **Enschede** gehörten zu den Städten, die mit der Textilindustrie ihren Aufschwung nahmen. Auslöser des Booms war der amerikanische Bürgerkrieg. Durch ihn wurde die Baumwolle der Südstaaten knapp, eine Lücke, die die Fabriken von Enschede gerne füllten.

Bis zum Zweiten Weltkrieg wuchs Enschede zum bedeutendsten Textilstandort der Niederlande heran. Vom Krieg bleib die Stadt bis kurz vor Schluss verschont, bis im Herbst 1943 und im Winter 1944 die US Air Force zweimal Bomben über der Stadt abwarf. Die offizielle Erklärung war, dass die Amerikaner sich geirrt und eigentlich eine deutsche Stadt hätten treffen wollen. Vielleicht stimmt das sogar – Osnabrück oder Münster hatten dann in diesen Nächten einfach Glück gehabt.

Auf jeden Fall wurden die Bombenschäden eher so repariert wie in Köln und weniger wie in Rotterdam: Auch Enschede wurde nach dem Kriegsende schnell und notdürftig zusammengeflickt.

Die Industriestadt war zwar immer mal wieder von Bränden heimgesucht worden, aber keiner war vergleichbar mit der Katastrophe, die sich am 12. Mai 2000 ereignete. Es war das Wochenende, an dem in ganz Europa der *Eurovision Song Contest* ausgestrahlt wurde. Wozu man sagen muss, dass dieser Wettbewerb in Holland auf geradezu unheimliche Weise ernst genommen wird. Vielleicht meinten einige in Enschede anfangs sogar, dass draußen Fans eine Platzierung mit dem Abbrennen von Feuerwerksraketen feiern wollten. Tatsächlich flog aber eine Feuerwerksfabrik in der Tollensstraat in die Luft. Warum sich diese Fabrik ausgerechnet in einem Wohnviertel befinden musste, ist schleierhaft, auf jeden Fall waren die Auswirkungen mit einem Bombenangriff vergleichbar. Die Lagerhallen der Fabrik flogen in die Luft, fünfzig Betriebe in der Nachbarschaft wurden ebenfalls zerstört und tausend Häuser in einem Umkreis von mehreren hundert Metern waren nicht mehr bewohnbar. Es gab zwei Dutzend Tote und hunderte Verwundete.

Von der Feuerwerksfabrik blieb nur ein Krater mit einem Durchmesser von über hundertdreißig Metern, der Schutt verteilte sich über eine Fläche von dreiundsechzig Hektar. Weil die Nachricht von der Katastrophe Entsetzen, aber auch eine unbändige Lust am Gaffen auslöste, sperrte die Polizei die Stadt weiträumig ab und leitete den Verkehr über die Autobahn herum. Wie sich später herausstellte, wurden wohl vom Eigentümer der

Fabrik Brandschutzvorschriften nicht beachtet. Er wurde zu fünfzehn Jahren Haft verurteilt, ging in Berufung und kam schon nach einem Jahr wieder frei. Was den sonstigen Umgang mit dem Ereignis betrifft: Siehe *Café De Hemel* Volendam im Kapitel über Noord-Holland.

Tipps Overijssel

Den **Denker** des Bildhauers Auguste Rodin in seiner bekannten Pose kennt jeder. Vor dem Stadthaus von Zwolle (Grote Kerkplein 15) steht sein **Adam**.

De Weerribben ist eine Moorlandschaft, in der man auch Bootsfahrten unternehmen kann.

Im Norden von Steenwijk befindet sich der **Kunstbunker Paaslo** (Paasloregel 77). Hier wurden während des Krieges unschätzbare Gemälde aus den Museen des Landes gelagert.

Exkurs: Moffen

Es gibt nicht wenige Amerikaner, die gar nicht wissen, dass sie anderswo als »Amis« – nun ja – bezeichnet werden. Und man kann vermutlich nicht voraussetzen, dass jeder Deutsche weiß, dass Holländer sie gern als *Moffen* beschimpfen. Als »Mof« bezeichnet man seit Jahrhunderten im Niederländischen die Deutschen, Hochkonjunktur hatte dieser Begriff allerdings in der Zeit rund um den Zweiten Weltkrieg. Neben den Moffen gab es dann auch noch »Mofrika«, womit dann Deutschland bezeichnet wurde.

Was »Mof« nun eigentlich konkret bedeutet, ist nicht geklärt. Wörtlich übersetzt bedeutet es »Muff«, aber damit ist noch kein einziges Problem gelöst, weil Muff zu viele Bedeutungen hat. Einmal benennt es eine Pelzrolle, in die im Winter vornehme Damen ihre Hände zum Wärmen stecken. In der Welt der Technik ist eine Muffe eine kleine Walze, die auf eine Achse gesteckt wird, um beispielsweise zwei Unterlegscheiben auf Abstand zu halten. Allerdings fällt es schwer, hier eine wirklich beleidigende Konstellation zu erkennen. Einige (lies: Wikipedia) meinen zwar, deutsche Soldaten wären vor Jahrhunderten in Holland mit eben jenen Pelzmuffs aufgetreten, aber was soll daran beleidigend sein. Dann waren sie halt Frostbeulen, na und? Selbst wenn man voraussetzt, dass jemand bis über beide Ohren in Technik vernarrt ist, bleibt es schwer vorstellbar, dass er sich über Schmähungen wie »Du Flügelmutter!« oder »Na, altes Gewinde?« schwarz ärgert.

Ein Anflug von Sinn ergibt sich, wenn wir weiter in Richtung »muffig« denken, was ja nicht nur modernde Kellerräume beschreibt, sondern auch einen Menschen, der schlecht gelaunt vor sich hin brütet.

Aber – so richtig schwer beleidigend ist das auch noch nicht. Vielleicht hilft es, wenn wir in Richtung »Muffensausen« denken. Das wäre wenigstens negativ besetzt. Und wenn man sich für einen Moment in die holländische Perspektive versetzt, dürfte der Hauptvorwurf doch eher eine gewisse Hinterfotzigkeit sein, weil der große Nachbar den kleinen heimtückisch überfällt, obwohl der ihm gar nichts getan hat.

Womit wir dann bei einem weiteren Deutungsversuch wären. Ich habe in meinem Leben nicht wenige bekritzelte Toilettenwände gesehen und glaube mich zu erinnern, dass an einigen das Wort »Muff« als Synonym für ein (stark behaartes) weibliche Geschlechtsteil verwendet wurde.

In der holländische Presse kann man ziemlich genau ausmachen, wann das Sommerloch (*Komkommertijd* = Sauregurkenzeit) beginnt. Meldungen über gestohlene Fahrräder, die kurz hinter der deutschen Grenze auftauchen, werden groß aufgemacht und am Frühstückstisch mit beifälligem Schmunzeln kommentiert. Sie haben es wohl noch immer nicht gelernt, die Brüder.

Dass die deutsche Wehrmacht während der Besatzung und vor allem auf ihrem Rückzug hunderttausende Fahrräder beschlagnahmte, ist Teil des holländischen nationalen Gedächtnisses. Der Schlachtruf *»Fiets terug«* (»Fahrrad zurück«) erfüllte noch während der Fußballeuropameisterschaft 1988 seine Zwecke.

Erschwerend kommt hinzu, dass Holländer zwar regionenübergreifend eine Meinung zu Deutschland und den

Deutschen haben, dieses Deutschlandbild aber nur punktuell mit der Wirklichkeit zu tun hat.

Über weite Strecken war Deutschland nur ein anderer Name für Nordrhein-Westfalen. Die Besuche in und Reisen durch dieses Bundesland gaben vielen Holländern sowohl das Gefühl der Ebenbürtigkeit als auch das der Andersartigkeit. Beide Länder sind ungefähr gleich groß, haben dieselbe Einwohnerzahl und zwei rivalisierende Metropolen (hier Köln und Düsseldorf, dort Amsterdam und Rotterdam).

Es ließen sich noch viele Parallelen finden, manchmal könnte man fast meinen, die Alliierten hätten das Bundesland NRW geschaffen, um den Holländern die Versöhnung mit dem Feind von gestern so leicht wie möglich zu machen. Wirtschaftlich entwickelten sich die Beziehungen schnell und auf Augenhöhe. Dabei hatten aber Holländer bei ihren Reisen Richtung Osten vielfach Emotionen, die man auch von anderen Reisen in diese Himmelsrichtung kennt. Das Land wirkte grau, der erste Bahnhof hinter der Grenze trostlos (Oberhausen) und der erste Lichtblick war der Weihnachtsmarkt in Düsseldorf.

In den letzten Jahren des vergangenen Jahrhunderts kam dann eine Begeisterung für die Loveparade in Berlin dazu, welche zu Recht als eine Erweiterung des rheinischen Karnevals verstanden wurde. Mittlerweile gehört Berlin zu den umschwärmten Regionen. In einer Umfrage verglichen die meisten berühmten Amsterdamer ihre

Stadt zwar immer noch mit der ehemaligen Namensvetterin New York, aber Berlin wurde mehr als einmal genannt. Mit der deutschen Hauptstadt wird jetzt niederländische Lockerheit assoziiert, verbunden mit dem Flair einer Millionenstadt, was es so in Holland nicht gibt. Touristen zeigen sich begeistert, Reporter schwärmen und zeigen sich nur mal verwundert, wenn sie sehen, wie leicht der Zugang zu bestimmten Drogen zu sein scheint.

Langsam setzt sich wohl die Erkenntnis durch, dass hinter der Grenze ein ganzes Land liegt, das immer noch zu entdecken ist. Natürlich bringt die Erweiterung des Horizonts auch mit sich, dass neue Fragen aufkommen. Seitdem immer mehr Holländer wissen, dass auch Deutschland eine Küste hat, fragen sich viele, warum es immer noch so viele an Hollands Strände zieht.

Zurzeit zählen die Niederlande jeden Sommer über drei Millionen Besucher aus Deutschland. Die Gästezählung begann im Jahre 1955, damals kamen etwas mehr als eine halbe Million. Seitdem ist die Anzahl der Besucher zwar in sanften Raten (ca. 1 Prozent), aber dennoch stetig gewachsen, niemals gefallen. Wenn der Trend anhält, werden also eines Tages alle achtzig Millionen Deutsche im Nachbarland Urlaub machen.

Gelderland

Zu den Hobbies der britischen Militärführung gehörten schon immer kühne Landungsaktionen, die auf dem Papier immer schwer beeindruckend aussehen und – wenn sie gelingen – zu gigantischen Erfolgen führen. So gab es im Ersten Weltkrieg den Versuch, bei Gallipoli an der Landenge zwischen Asien und Europa zu landen und so den deutschen Verbündeten Türkei auszuschalten. Diese Aktion scheiterte dramatisch, aber da bei der Landung vor allem Soldaten aus Australien und Neuseeland starben, konnte man sich als englischer Stabsoffizier immer noch für einen genialen Planer halten. Es soll auch immer wieder Planungen für eine Landung bei Stettin gegeben haben, weil es von dort aus via Luftlinie gerade mal einhundertfünfzig Kilometer bis Berlin sind. Dieser Plan wurde nie verwirklicht. Ein anderer, die Operation *Market Garden*, wurde hingegen in Angriff genommen. Im Herbst

1944 sollten bei Arnheim mit Luftlandetruppen die Rheinbrücken besetzt werden. Wäre der Plan gelungen, hätte er vermutlich tatsächlich den Krieg im Westen um Monate verkürzt, möglicherweise hätte er sogar Anne Frank das Leben gerettet, die zu diesem Zeitpunkt noch in dem Lager Westerbork war und auf ihren Abtransport in ein deutsches Konzentrationslager wartete.

Die Alliierten hatten bei ihrem Vorhaben allerdings die Stärke der deutschen Bodentruppen unterschätzt. Der Angriff scheiterte und die Alliierten änderten ihre Stoßrichtung. Statt durch Holland erfolgte der Vorstoß auf das Ruhrgebiet nun durch Belgien. Für die Niederländer waren die Folgen fatal. Die Eisenbahner, vorher oft für loyale Diensterfüllung den Deutschen gegenüber als Kollaborateure geschmäht, waren einem Aufruf der Alliierten gefolgt und streikten. Nach dem Scheitern des Angriffs nahmen die Deutschen Rache. Es kam zu Erschießungen und Geiselnahmen. Durch die veränderte Stoßrichtung blieb Holland unter deutscher Besatzung, obwohl man für das Land keine Verwendung und keine Ressourcen mehr hatte. Die Folge war ein Hungerwinter, der in den Niederlanden die Erinnerung an die Besatzungszeit stärker prägte als die Jahre zuvor. Als in Berlin die Rote Armee ihre Flagge auf dem Reichstag hisste, war Amsterdam immer noch in deutscher Hand. Erst am 5. Mai 1945 war das Land vollständig befreit.

Der grüne Kern

Kern- und Prunkstück der Provinz Gelderland ist die ***Hoge Veluwe***, das größte zusammenhängende Waldstück der Niederlande. Im Park befindet sich das Kröller-Müller-Museum, welches die zweitgrößte Van-Gogh-Sammlung der Welt sein Eigen nennt und bislang noch von angewandter rumänischer Kunstkritik verschont blieb. In der Hogen Veluwe wurde auch eine Idee realisiert, die ursprünglich aus der Amsterdamer Provo-Zeit stammt. Luud Schimmelpennink hatte die Idee, dass der Verkehr in einer Stadt erheblich einfacher rollen würde, wenn jeder sich überall, wo er es brauchte, ein Fahrrad nehmen könnte. Nun gab es zwar schon immer in Amsterdam Leute, die diese Theorie Schimmelpenninks teilten, aber so hatte er das nicht gemeint. Die Räder sollten nicht geklaut werden, sondern an öffentlichen Plätzen jedermann zur Verfügung stehen. Und damit auch alle erkennen, welche Fahrräder problemlos sozialisiert werden dürfen, sollten sie weiß sein.

In Amsterdam hat dieses Projekt nicht funktioniert, aber in der Hoge Veluwe startete man 1975 einen Versuch mit fünfzig Rädern. Der ging gut, es wurden viel weniger Fahrräder geklaut als befürchtet. Mittlerweile gibt es siebzehnhundert im ganzen Park – wenn es nicht zu voll ist, finden sich an jedem Eingang genug.

Innerhalb der Hogen Veluwe gibt es den Paasheuvel (Osterhügel), der von der niederländischen Arbeiterjugendzentrale (AJC) eingerichtet wurde. Nach der Auflösung dieses Verbandes sind die Bauten und Plätze des Hügels auch für andere Verbände zugänglich.

Das gute Herz des Landes

Bei Gelderland könnte der Verdacht aufkommen, die Provinz könnte so etwas wie die Sozialstation des Landes sein. Das beginnt in **Apeldoorn**, einer Stadt, die sich besonders bei Senioren als Wohnsitz großer Beliebtheit erfreut. Der größte Prachtbau in **Arnheim** ist das *Paleis Het Loo*. Statthalter Wilhelm III. ließ den Palast im 17. Jahrhundert errichten, weil er gern in die Hoge Veluwe zum Jagen ging. Aber es war ihm auch ganz recht, dass er mit dem Gebäude mächtig Eindruck machen konnte.

Westlich von **Arnheim** befindet sich **Het Dorp**, ein Ort, der seine Entstehung dem Hirn von Arie Klapwijk verdankt. In einer Fernsehsendung sollte Geld gesammelt werden, um ein Dorf zu bauen, in dem Behinderte mit so wenig Handicaps wie möglich leben konnten. Bis hierher klingt die Idee noch sehr nach Aktion Sorgenkind (oder Aktion Mensch, wie es heute heißt), aber das Konzept von Klapwijk ging weiter. Erstens brauchte er als Auslöser keinen Contergan-Skandal und zweitens gehörte zu seinem Modell auch, dass in ihm Behinderte mit anderen Menschen so ungezwungen wie möglich zusammen leben können. Drittens ging die Austrahlung des Spendenaufrufs zwei Jahre vorher über den Sender, bevor die *Aktion Sorgenkind* aus den Startlöchern kam.

In einer Nonstop-Live-Sendung wurden sechzehn Millionen Gulden eingesammelt, mit denen sich dann ein Dorf, das auch weiterhin einfach nur *»het dorp«* (das Dorf) hieß, mit vollständiger Infrastruktur aufbauen ließ. Noch leben hier ungefähr dreihundert Menschen mit Behinderungen so gut wie wohl sonst nirgendwo auf der Welt.

Bio Vakantieoord verkörpert ein ähnliches Konzept, nur geht es hier vor allem um behinderte Kinder. Der Träger dieser Einrichtung ist der Verband der niederländischen Kinobetreiber. »Bioskoop« ist das holländische Wort für »Kino«.

Hauer für Hollywood

Da wir gerade beim Thema Kino sind. Das **Kasteel Doornenburg** bildete die Kulisse für den Aufstieg zweier holländischer Weltstars. Paul Verhoeven, damals noch ein aufstrebender Regisseur, setzte Rutger Hauer, damals noch ein wenig bekannter Schauspieler, als Ritter in der Serie *Floris* in Szene. Die TV-Show wurde damals noch in schwarz-weiß gedreht und hatte insgesamt nur zwölf Folgen, aber für Regisseur Verhoeven war wichtig, dass er zum ersten Mal in seinem Leben von den Produzenten freie Hand erhielt. Der legendäre *Final Cut*, den er sich in Hollywood später erarbeiten musste, war hier Wirklichkeit geworden. Verhoeven nutzte seine Freiräume aus. Er überzog sein Budget um dreihundert Prozent, was schließlich dem Sender doch zu viel wurde. Nach langen Diskussionen wurde die letzte – zwölfte – Folge geteilt. Doch nur die erste Hälfte wurde gedreht.

Der von Rutger Hauer verkörperte Ritter Floris van Rosemondt war eine Fantasiefigur, doch die anderen Protagonisten, wie den Langen Pier, gab es wirklich. Wie in den damals schwer angesagten Spaghetti-Western nahmen die Schöpfer auf tradierte Rollenbilder keine Rücksicht. Keiner der Helden ist wirklich edel, keiner der Schurken nur schlecht.

Die erste Folge wurde im Herbst 1969 ausgestrahlt, die restlichen Folgen liefen bis Weihnachten. Jede hatte mindestens drei Millionen Zuschauer. Was unterm Strich bedeutete, dass jeder fünfte Holländer bei der Ausstrahlung vor dem Fernseher saß. Aufgrund des großen Erfolgs wurde die Serie 1975 in Deutschland noch einmal gedreht. Wieder mit Hauer in der Hauptrolle, allerdings waren die anderen Parts mit deutschen Schauspielern besetzt.

In Hollywood musste Rutger Hauer dann meistens die großen fiesen Typen spielen, oder – was für ihn vermutlich noch schlimmer war – deutsche SS-Männer. Paul Verhoeven konnte mit *Basic Instinct* einen ganz großen Hit landen, allerdings auch mit *Showgirls* einen legendären Flop.

Bücherwürmer

Es war sehr beeindruckend, dass zum Tode Harry Mulisch' eine ganze Ausgabe der holländischen Tagesthemen nur ihm gewidmet war. Nun war Mulisch am Ende kein unumstrittender Schriftsteller, es gab diverse Leute, die an seinem Stuhl sägten und ihm seine Jugendsünden vorhielten, und genau deshalb war diese Form des Respekts umso beeindruckender. Ansonsten hört man dasselbe wie überall. Es geht allen schlecht und Bücher werden immer weniger verkauft. Die sind in Holland übrigens teurer als hier, werden aber dafür umso öfter als Paperback herausgebracht. Wenn man sich so umschaut, sieht man die üblichen Verdächtigen; Großschriftsteller, denen große Kunst nachgesagt wird und die außerdem die Kunst beherrschen, zu politisch relevanten Ereignissen politisch bedeutsame Kommentare abzugeben. Der Rest scheint davon zu leben, für Zeitungen Kolumnen zu schreiben, von denen es unübersehbar viele gibt.

Der einzige Schriftsteller, von dem Leute, die ich traf, mit Hingabe, ja geradezu Liebe sprachen, der war eigentlich gar kein richtiger. Denn Marten Toonder war sowohl Zeichner als auch Texter. Bekanntester Held seiner Geschichten war ein Bär namens Oliver B. Bommel, der auf Schloss Bommelstein lebt und mal naive, mal sehr tiefsinnige Bemerkungen über das Leben macht.

Marten Toonder hatte in einem eigenen Studio Zeichentrickfilme produziert, während des Zweiten Weltkriegs arbeitete er für den *Telegraaf*, wo ab 1941 auch seine Bommelbärencomics erschienen. Nach dem Ende des Krieges stellte sich Toonder als Widerstandskämpfer dar, zu seiner Überraschung wurde er als Kollaborateur angeklagt. Der *Telegraaf* galt dezidiert nicht als Blatt des Widerstands. (Was ihm heute noch von manchen Lesern vorgeworfen wird. Journalisten von der Konkurrenz ärgert vor allem, dass das Blatt besser bezahlt.) Außerdem hatte Toonder auch einen Vertrag mit der UFA in Babelsberg.

Später wurde er dennoch für seine Widerstandstätigkeit – er sagte, er habe untergetauchte Zeichner beschützt und Dokumente gefälscht – ausgezeichnet. Den Orden konnte er auch behalten, als sich herausstellte, dass er seine Renitenz um ein paar Jahre vordatiert hatte. Das Ansehen Toonders ähnelt in diesem Punkt dem des britischen Autors P. G. Wodehouse. Auch der war im Zweiten Weltkrieg auf der falschen Seite (er war in Frankreich interniert worden und arbeitete dann für deutsche Propagandasender). Wie Wodehouse wird auch Toonder seine Nähe zum Feind vorgeworfen, was aber auch bei ihm nichts daran ändert, dass er weiterhin eine große Fangemeinde hat. Erwachsene werden wieder zu Kindern, wenn sie in Bommel-Bänden blättern. Einen jungen Autor mit dieser Reichweite hätten holländische Verlage heute bestimmt gern.

Straßenmusik

Die Universität von **Nijmegen** (Nimwegen) galt früher als eine Hochburg der Jesuiten. Dann kamen die Sechziger- und Siebzigerjahre und mit ihnen die linken, sozialistischen und kommunistischen Ideen. Was sich in Holland an studentischer Mitbestimmung etabliert hat, ging mit ziemlicher Sicherheit von dieser Universität aus. 1969 wurde der Verlag *Socialistische Uiteverij Nijmwegen* gegründet, der unter dem Namen *SUN* noch heute existiert. Mittlerweile hat man sich auf hochwertige Bücher, Klassikerausgaben und Fachbücher spezialisiert. Die letzte Publikation, eine mehrbändige Geschichte von Amsterdam, erschien 2007.

Heute ist die sichtbarste Erinnerung an unruhige Zeiten, dass es in Nimwegen ein Viertel gibt, in dem Straßen nach Rockbands benannt sind: Pink Floydstraat, Rolling Stonesstraat, Beatlesstraat ...

Zu den Attraktionen für die Jüngeren gehört das *Zwarte Cross Festival* in **Lichtenvoorde**, das mit mindestens zwei Superlativen aufwarten kann. Zum einen ist das Schwarze Kreuz das größte Musikfestival des Landes und außerdem das größte Motocross-Ereignis der Welt. Jedes Jahr im Juli wird hier die Welt gerockt. In **Assen**, der Hauptstadt der Provinz, wird man das nicht gerne hören. Denn dort findet – schon seit längerem und immer Ende Juni – mit der *Assen Tourist Trophy* ebenfalls ein Motorrennen statt.

Nun gibt es wohl kaum ein Motorrennen oder ein Rockfestival, an dem es ruhig zugeht, aber in Lichtenvoorde ist man besonders stolz darauf, dass man die Massen im Griff hat. Es herrscht eine überwiegend friedliche Atmosphäre, während es in Assen doch manchmal recht prollig zugeht.

Tipps Gelderland

Holland war in vielen Dingen Trendsetter, leider auch in unerfreulichen Moden. In **Borculo** richtete am 11. August 1925 ein Zyklon schwere Schäden an. Einen Tag später erschien die Königin am Katastrophenort, kurz nach ihr viele schaulustige Niederländer, die nach Möglichkeit auch ein Erinnerungsstück einstecken wollten. Somit dürfte der Ort eines der ersten Ziele für

Sensationstouristen gewesen sein. Wie es damals zuging, kann man sich im **Stormrampmuseum** (Hofstraat 5, NL-7271 AP Borculo, www.brandweermuseumborculo.nl) ansehen.

In dem Dorf **Buren** gibt es auch ein Museum, das ganz der königlichen Familie gewidmet ist. Im **Museum Buren & Oranje** (Markt 1, www.museumburenenoranje.nl) kann man viele Devotionalien bewundern, die von Verehrern der Majestäten angefertigt wurden. Porträts, Puppen, Stickereien - manche sind so schlecht, dass es geradezu rührend ist.

Das **Airborne Monument** erinnert an die missglückte Luftlandung, im **Airborne Museum** gegenüber (Utrechtseweg 232, 6862 Oosterbeek, www.airbornemuseum.nl) in der Villa Hartenstein kann man sich über den Ablauf und die Hintergründe informieren.

Radio Kootwijk ist eine riesiges Gebäude in **Apeldoorn**. Dieser Sender hatte nur eine einzige Funktion: Die Funkverbindung mit Niederländisch-Indien herzustellen.

In **Harderwijk** gibt es ein **Dolfinarium**. Bei der Show wirken Delphine und Orcas (Free Willy) mit. Sie dauert eine halbe Stunde.

Das **HollandRama** in **Arnheim** ist ein Freiluftmuseum, in dem Besucher holländische Geschichte erfahren können. Hier dauert eine Show zwanzig Minuten (Hoeferlaan 4, www.openluchtmuseum.nl).

Das Dorf **Bredevoort** nennt sich seit 1993 **Boekenstad**. Weil in dem Ort viele frisch restaurierte Häuser leer standen, kam man auf den Gedanken, eine Bücherstadt daraus zu machen. Der Plan ging auf. Mitterweile hat Bredevoort ein halbes Dutzend Antiquariate angezogen und mehr als zwanzig Buchläden. Außerdem gibt es noch Galerien, Künstler-Ateliers und Übernachtungsmöglichkeiten.

Exkurs: Rock & Roll

Obwohl Holland durchaus eigene Beiträge zur Geschichte des Rock ´n´ Roll hat (die niederländischen *Scorpions* heißen *Golden Earring*; Herman Brood wurde in Deutschland vermutlich durch seine Ehe mit der außerirdischen Nina Hagen bekannter als mit seiner Musik, in seiner Heimat hatte er aber auch einen guten Ruf als Musiker und Maler), am bedeutsamsten ist die Mittlerrolle für dieses damals noch recht neue Medium. Vor den niederländischen Küsten etablierten sich die ersten Piratensender, die die aufrüttelnden Klänge zu den Transistorradios der langhaarigen Freunde der Beatmusik sendeten. Eine der wenigen heute noch existierenden deutschen Popmusikzeitschriften (*Musikexpress*) wäre ohne das holländische Vorbild *Muziekexpress* undenkbar. Die ersten Ausgaben wurden noch in den Niederlanden gedruckt; die damals noch üblichen Kontaktanzeigen mit der Bitte um Brieffreundschaften (»Suche Leute mit Interesse für Weltfrieden und progressive Musik«) hatten so manchen putzigen Druckfehler.

Der durch seine Auftritte in Schuljungenuniform berühmt gewordene Gitarrist von *AC/DC* soll seinen Wohnsitz in dem Provinzstädtchen Aalten haben, manchmal taucht er in einem westfälischen Musikhaus auf und klimpert auf Gitarren, nicht wenige Besucher halten ihn dann für einen Doppelgänger. Gleichwohl hat fast jeder, der im Rock 'n' Roll Rang und Namen hat, im Land Station gemacht. Die *Beatles*, damals noch ganz adrett mit Schlips und Anzug, nächtigten im Doelen Hotel in Amsterdam. Es wäre interessant zu erfahren, wie die Stadt bei ihnen im Vergleich zu Hamburg abschnitt, aber dazu gibt es keine mir bekannten Quellen. Die mittlerweile fast verrenteten Hardrocker von *Deep Purple* spielten in einem ehemaligen Kuhstall, der zu einer Konzertarena umfunktioniert worden war. Bei den Konzerten im Jahre 1973 kam es zu Tumulten, Teile der Anlage gingen zu Bruch. *Deep Purple* waren darüber so sauer, dass sie beschlossen, nie wieder in Holland aufzutreten. Ein Schwur, den sie zumindest bis zum Ende des ersten Teils ihrer Karriere einhielten. Heute ist *De oude Raai* ein Altersheim, in dem Senioren sich die Zeit mit Bingospielen und Aus-dem-Fenster-gucken vertreiben. Sie sind nicht *so* viel älter als die immer noch rockenden *Deep Purple* heute – wer will, kann darin eine gewisse Symbolik für den Zahn der Zeit sehen.

Hauptmanege im Rock-'n'-Roll-Zirkus war jedoch das *Paradiso*. Ein Gebäude, bei dem es sich – allen Legenden zum Trotz – *nicht* um eine umfunktionierte Kirche handelte. Es wurde im Vondelpark herumlungernden Hippies (okay, sie machten dort auch noch andere Sachen) Ende der Sechzigerjahre überlassen, in der Folge trat dort alles auf, was Rang und Namen hatte. Einige Acts sollen ihre Gage auch in Form von andernorts verbotenen Substanzen empfangen haben.

Nicht ganz so legendär, aber dennoch relevant: Auch die Punk-Bewegung hatte hier ihre Orte und Zeiten. Die ersten Auftritte von Punkbands fanden – natürlich – im *Paradiso* statt, aber so richtig ging es vorwiegend in besetzten Häusern zur Sache oder in punk-affinen Locations wie der *Galerie Anus*.

Techno fand seinen Weg von den balearischen Inseln nach Norden über London, aber auch Klubs wie das mittlerweile längst geschlossene *RoXY*. Und auch bei der elektronischen Tanzmusik, der einzigen Musikrichtung, die dieser Tage noch Hirne und Hintern zu bewegen scheint, sind die Niederlande gut vertreten: Armin van Buren legte sogar bei der Inthronisation von Willem Alexander auf.

All das kann allerdings nicht darüber hinwegtäuschen, dass die wahre Liebe des Holländers dem Musical gehört. Wenn ein Stoff die Nation lange genug bewegt, kann man sich darauf verlassen, dass die Sache früher oder später vertont wird. Egal, ob es sich um das Buch *Ziske, de Rat* (eine ziemlich sentimentale Geschichte, über einen Jungen, der seine Eltern umbringt und es dann noch schafft, das Publikum mit Klagen über seine Einsamkeit zu Tränen zu rühren) oder die Weltkriegserlebnisse des *Soldaat van Oranje* oder die Erinnerung der einst als *Happy Hooker* bekannten Xaviera Hollander handelt – der Stoff muss auf die Bühne. Warum ein Volk, das sich so viel auf seine Nüchternheit und Urteilskraft einbildet, völlig aus dem Häuschen ist, wenn auf der Bühne Leute auftauchen, die nicht richtig singen können und – um von diesem Defizit abzulenken – plötzlich zu tanzen anfangen, ist mir ein Rätsel. Aber dennoch scheint die Liebe zum Genre echt und tief zu sein. Der Entertainment-Mogul Joop van den Ende soll mittlerweile sogar die Aufführung von Musicals in Russland planen.

Noord-Brabant

In Deutschland sprach man früher öfter vom Main als dem »Weißwurst-Äquator«, der das Land in zwei Teile zergliedert, die sich mental und auch anders stark von einander unterscheiden. Die Niederlande haben viele »Weißwurst-Äquatoren«. Beinahe jede Provinz hat einen. Das IJ zum Beispiel zerteilt die Provinz Noord-Holland. Doch die Wasserscheide, die das ganze Land in zwei Teile zerlegt, ist der Rhein. Oberhalb dominierte das protestantische, seewärts zugewandte Holland, darunter das katholische, kontinentale.

In **Brabant** ändert sich das Land. Eigentlich handelt es sich um eine geteilte Provinz. Der Norden mit den großen Städten Eindhoven und 's Hertogenbosch (siehe *'s Gravenhage*, wir sagen fortan »Den Bosch«) gehört zu den Niederlanden, der südliche Teil mit Antwerpen gehört zu Belgien. Aber eigentlich befindet man sich hier in einer Zwischenwelt. Die Mentalitäten und Dialekte verschwimmen. Da im Norden viele Städte auf dem Meer abgerungenem Boden stehen, wirkt das ganze Land wie neu, obwohl auch dort die Geschichte über Jahrhunderte ihre Spuren hinterlassen hat. In Brabant hingegen erinnert vieles an die Zeit *vor* dem Aufstieg der Vereinigten Provinzen, als Flandern neben der Toskana die große Kulturregion Europas war und ihre Tuchmacher sie reich machten.

Die alte Handelsstadt **Den Bosch** war auch die Wirkungsstätte des Malers Hieronymus, der mit seinen düsteren Visionen von der Hölle und dem Fegefeuer seinen Zeitgenossen viel Material für ihre Albträume bot. **Breda** ist ein weiterer Schlüsselort der holländischen Geschichte. Hier traten vierhundert niederländische Adlige an, um dem Statthalter eine Bittschrift zu übergeben. Ihr Aufmarsch erschütterte die Frau des Statthalters sichtlich, worauf sie von einem Statthalter beruhigt wurde. Der Aufmarsch der Bettler sei eine Lappalie und wegen ihnen brauche sich auch niemand zu erheben. Da der Berater, wie es sich für einen Adligen gehörte, Französisch sprach, verwandte er das französische Wort für Bettler. Aus *»gueux«* wurde *Geusen*; der Name, den sich die Aufständischen bei seiner Erhebung gegen die Spanier gaben.

Obwohl hier fast alles Historie atmet und die Spuren bis in die Römerzeit zurückreichen, war Brabant früher einer der ärmeren Teile des Landes. Das Belgienrandgebiet erlebte erst mit der im 19. Jahrhundert einsetzenden Industrialisierung eine Verbesserung seiner Lage. **Eindhoven** ist heute eine Großstadt, aber bevor Philips kam, war es ein besseres Dorf. Man könnte Eindhoven mit deutschen Orten wie Leverkusen oder Wolfsburg vergleichen; Städte, die von einem großen Konzern geprägt wurden, der ihnen aus Großzügigkeit und zum Zwecke der Imagebildung einen Fußballklub schenkte. Das trifft auch auf Eindhoven zu, schließlich wäre der PSV ohne die Firma nicht denkbar (was der Werkself – wie gelesen – von den Fans der gegnerischen Mannschaften auch immer wieder aufs Brot geschmiert wird), auch zeigen Installationen wie die *Lichterstadt* deutlich, wer hier das Sagen hat. Dennoch wirkt Eindhoven nicht so retortenhaft wie die deutschen Äquivalente.

Was auch damit zusammenhängen könnte, dass man hier mehr vom Leben und Genießen versteht. Die holländische Küche ist zwar nahrhaft, aber nicht besonders ausgefeilt. Und bei manchen Produkten (*Frikandel*) möchte man gar nicht so genau wissen, was drin ist. Da kann man um Muscheln und Matjes noch so viel Tam-Tam machen und die Saisoneröffnung mit viel Promotion begleiten, ein *Beaujolais arrive* wird trotzdem nicht daraus. In Brabant hingegen weiß man, belgisch und französisch zu speisen.

Karneval hoch zwei

In Holland werden zwei Sorten Karneval gefeiert. Der auch hierzulande bekannte rheinische und die burgundische Version. In Limburg gibt es die rheinische Version, in Zeeland die burgundische; Noord-Brabant ist die einzige Provinz, in der beide Varianten gefeiert werden. Wer den Karneval aus Köln oder Düsseldorf kennt, wird über die holländischen Ableger der rheinischen Variante wahrscheinlich nur müde lächeln, aber die burgundische Version dürfte auch für ihn neu sein. Allerdings sind die Unterschiede nicht so groß, am Ende ist es immer noch Karneval. Während die Rheinland-Version aus einem Umzug entstand, war der Burgunder ursprünglich eine Fressorgie. Außerdem gibt es nur einen Prinzen. Da man auch heute noch betont, dass die Gegend früher zu den ärmeren gehörte, gelten die Kostüme beim burgundischen Karneval als ein wenig schlichter als bei der Konkurrenz (obwohl dies dem Karnevalgrundgedanken eigentlich zu widersprechen scheint). Beliebtes Kostüm ist ein blauer Bauernkittel aus Sacktuch. Eine weitere Besonderheit des burgundischen Karnevals besteht darin, dass für die Zeit der Herrschaft der Tollitäten sich nicht nur die Menschen verkleiden, sondern auch die Orte einen anderen Namen annehmen. Aus Eindhoven wird dann zum Beispiel *Lampegat*, aus Den Bosch *Oeteldonk* und aus Breda *Kielegat*.

Da **Den Bosch** von allen holländischen Karnevalsstädten am nördlichsten liegt, gibt es hier auch die meisten Karnevalstouristen. Da ist es wie überall woanders auch: Wer mitfeiern will, ist willkomen, wer nur gaffen und Terz machen will, nicht. Und als kleine Warnung: Wer »Es steht ein Pferd auf dem Flur« singt – egal in welcher Sprache – fliegt raus.

St. Michielsgestel liegt im Norden von Eindhoven, zirka dreißig Kilometer von der brabanter Metropole entfernt. Hier wurde von den Deutschen 1942 ein besonderes Lager eingerichtet. Hier wurden hundert Geiseln interniert, die alle eins gemeinsam hatten: Sie waren prominente Größen aus der niederländischen Gesellschaft und Kultur. Das Leben der Geiseln war recht angenehm. Sie mussten keinerlei Zwangsarbeit verrichten und konnten in dem Dorf ihren Interessen nachgehen. Viele Persönlichkeiten, die in der Nachkriegszeit gehobene Positionen im holländischen Staat bekleideten, waren hier untergebracht. Die Kehrseite der Medaille war natürlich, dass im Falle eines Aufruhrs »des normalen Volkes« Geiseln zur Vergeltung erschossen werden konnten. Was ein oder zwei Mal auch passiert sein soll.

Tipps Noord-Brabant

Der **Processiepark** (processiepark-handel.alleuitjes.nl) des Dörfchens **Handel** ist ein Kreuzweg mitten im Wald, der am Anfang des zwanzigsten Jahrhunderts angelegt wurde. Entlang des Weges stehen Statuen und Skulpturen. Außerdem gibt es noch einen Rosenkranzweg, an dem die Geheimnisse des Rosenkranzes entschlüsselt werden können.

In **Overloom** befindet sich das **Nationale Oorlogs- und Verzetsmuseum** (Museumpark 1, www.oorlogsmuseum.nl). Hier wird die Zeit des Zweiten Weltkriegs dokumentiert.

Eindhoven gilt – aller Häme in den anderen beiden großen Städten zum Trotz – als kommender *In-Spot*. Auf die Zukunft ausgerichtet war man hier schon vor Jahrzehnten. Das sieht man an Gebäuden wie dem **Evuluon (Noord Brabantlaan 1a)**, einem Konferenzzentrum, das von außen aussieht wie eine fliegende Untertasse.

Kein Scherz: Die originellen Bushaltestellenhäuschen am Paleisring in **Tilburg** sind einen Besuch wert.

Exkurs: Humor

In Holland gibt es – vom Ausland beinahe unbeachtet – eine große Stand-Up-Comedy-Szene. Pro Jahr besuchen fast zwei Millionen Zuschauer mehr als sechstausend Vorstellungen. Themen und Stile sind verschieden, aber es drängt sich der Eindruck auf, eine holländische Comedy-Show ist erst dann komplett, wenn sie mindestens einen Gag über Deutsche enthält. Eine Ausnahme – nicht nur in dieser Beziehung – ist Hans Teeuwen. Sein Deutsch beleidigt nicht das Ohr und seine Gags sind auch für Nicht-Niederländer amüsant. Und da er sich seit einiger Zeit mit seinen Programmen auch auf Englisch versucht, gibt es nun auch eine größere Anzahl Ausländer, die die Chance haben, ihn zu verstehen.

Der Brabanter gewann 1991 mit seinem Partner Roland Smeenk *Camaretten*, einen Nachwuchswettbewerb. Damals machten die beiden rüdes Musiktheater. Auch heute überschreitet Teeuwen gerne und häufig die Grenzen des guten Geschmacks. Bei den selbstbezichtigenden Gags (»Hans, wenn ich eines aus unserer Beziehung gelernt habe, dann das: Eine Frau soll niemals aus Mitleid mit einem Mann ins Bett gehen.«) denkt man an Woody Allen, die körperliche Aktion – Teeuwen tanzt, tobt und krakeelt mit überraschender Ausdauer über die Bühne – erinnert an Jim Carrey und die Freude, das Publikum zu verblüffen, gemahnt an Andy Kaufman.

Als sein Partner 1992 bei einem Unfall ums Leben kam, beschloss Teeuwen, obwohl er schon damals depressive Phasen hatte, allein weiterzumachen. In der Folge wurde er zu einem Star, der in keine Kategorie passt und sein Publikum immer wieder gerne schockiert.

Glauben spielt in Holland eine große Rolle. So gibt es Holländer, die glauben, man könne in Lüdenscheid Urlaub machen, und es gibt nicht wenige, die meinen, ihre Neigung zum Konsens mache sie zum vornehmeren Teil der Weltbevölkerung. Damit spielt Teeuwen. So beginnt ein Auftritt mit einem Gebet. Der Künstler wünscht sich vom Herrn Erfolg und Hingabe des Publikums. Nachdem die Zuschauer applaudiert und mit ihm das Vaterunser gesprochen haben, wird Teeuwen zum Gotteslästerer: »War ja klar, dass du meine Bitte erhörst! Denn ich bin erfolgreich, reich und weiß!«

Da Teeuwen gerne den Underdog gibt, hat er nach zwei Dritteln des Programms die Sympathie des Publikums. Dann erzählt er eine Geschichte aus seiner Schulzeit. Damals gab es einen wirklichen Underdog. Fons stotterte und hatte zu allem Überfluss einen Fleck wie Gorbatschow, nur nicht auf der Stirn, sondern auf dem Auge. Die Klasse hatte es sich zum Sport gemacht, Fons zu ärgern – und damit der Sadismus richtig wirkt, waren sie zur Abwechslung mal eine Woche nett. In dieser Phase bittet Fons Hans um Klavierunterricht. Für den Preis von 170 Gulden (die Geschichte stammt aus dem Programm *Trui* aus dem Jahr 2000) gibt Hans Unterricht. Fons macht keine Fortschritte, aber verliebt sich in Hans. Nach dem Geständnis seines Verehrers kann Hans unmöglich weiter unterrichten. Und wer kommt für den Verdienstausfall auf? Fons zahlt trotz Unterrichtsende die 170 Gulden und fleht Hans an, niemandem von seiner Homosexualität zu erzählen.

Hans genießt sein Schweigegeld, kommt dann aber zu der Erkenntnis, dass Geld nicht alles ist im Leben. Er steigert seine Popularität in der Klasse, als er allen vom schwulen Fons erzählt. Fons bringt sich um.

Einige Tage später steht Fons' Vater vor Hans' Tür. Hans befürchtet Schlimmes, aber der Vater erzählt nur, wie Fons immer von Hans geschwärmt hat, und bittet ihn, die Grabrede zu halten. Hans willigt ein, sagt aber, dass er nicht sicher ist, ob er bei der Beerdigung seine Gefühle (unterdrücktes Kichern) im Zaum halten kann. Auf der Beerdigung trägt Hans ein schwülstiges symbolisches Gedicht vor.

Die Bühne wird dunkel. Auf das vorgeblich harmonische Ende folgt ergriffener Applaus.

Teeuwen wendet sich ans Publikum. »Hat einer von Ihnen das Gedicht verstanden?«

Schweigen, Kopfschütteln.

»Das war totaler Blödsinn. Heuchelei. Und trotzdem haben Sie geklatscht. Und Sie meinen, Sie verstehen etwas von Satire! Das ist also mein Publikum! Ich bin enttäuscht!«

Limburg

An der Transitstrecke zwischen Bayern und Berlin stand früher, kurz vor der Grenze zu Thüringen, ein Schild. Darauf war geschrieben: »Vergessen Sie nicht, Sie fahren weiter durch Deutschland.«

So ein Schild könnten die Niederländer auch an der Grenze zu ihrer südlichsten Provinz **Limburg** aufstellen. Hier gibt es wenig, was an die restlichen Niederlande erinnert. Es gibt richtige Hügel – und früher sogar Bergbau. Der Baustil der Häuser erinnert eher an Deutschland als an Holland. Die Behauptung der Niederländer, der Dialekt in Maastricht und im Umland wäre so sehr mit dem Deutschen verwandt, dass Deutsche ihn nicht mal als Fremdsprache erkennen würden, ist allerdings ein Gerücht.

Limburg ist der jüngste Teil der Niederlande. Erst nach der Niederlage Napoleons zum Rest hinzugekommen, war die Grenzziehung vor allem politischen Interessen geschuldet. Belgien wollte seinen Teil haben, und den anderen Siegermächten auf dem Wiener Kongress war es wichtig, dass Preußen keinen direkten Zugang zur Maas erhält. Dieses Primat der politischen Interessen macht den auf der Landkarte an einigen Stellen merkwürdig aussehenden Grenzverlauf verständlich. Flüchtig betrachtet sieht die Provinz Limburg so aus wie eine nach Süden führende Autobahn mit einem generösen beidseitigem Randstreifen. Aber das sollte man aus Höflichkeit nicht so deutlich sagen.

Obwohl es sich bei Limburg um eine Neuerwerbung handelt, ist **Maastricht** die älteste Stadt der Niederlande – und in der Umgebung gibt es Erhebungen, die fast Hügelformat erreichen. In dem vorgebrachten, quasideutschen Vorurteil steckt zumindest ein Körnchen Wahrheit – an den Wochenenden wird Maastricht – ebenso wie Venlo – von deutschen Besuchern geradezu geflutet.

Über den Wochenendtourismus hinaus dürfte der Name der Stadt einer breiteren Öffentlichkeit wohl zum ersten Mal bekannt geworden sein, als sich die europäischen Staatschefs hier 1992 trafen und sowohl die Umwandlung der EG in eine europäische Wirtschafts- und Währungsunion als auch die Einführung des Euro beschlossen.

Venlo ist die größte Stadt im Norden Limburgs und gehört – wie Mallorca – zu der Sorte Ausland, von der Deutsche oftmals gerne vergessen, dass sie im Ausland sind. Es geht vorwiegend um Einkaufstourismus, wobei die Schnäppchenjäger mit den Reisenden in Sachen Drogen nicht so glücklich sind. Wenn die überhand nehmen, lässt in der Regel die Qualität der Shoppingtempel nach.

Aber es gibt auch Reisen, bei denen man sich nicht viele Gedanken machen muss, weil man für die keine Rückfahrkarte braucht. Das Venloer Krematorium bietet unter dem Slogan »Kaffeefahrt ins Krematorium« Informationen für die deutsche Kundschaft an. Hier kann man sich – so lange noch Zeit ist – darüber informieren, auf welche unorthodoxe Weise die sterblichen Überreste in Holland positioniert werden können. Im Unterschied zu Deutschland gibt es in den Niederlanden keinen Bestattungszwang.

In **Vlodrop**, kurz hinter der Grenze bei Heinsberg, befindet sich die *Maharishi European Research University*. Es handelt sich genau um den Maharishi, der den Beatles die indische Kultur und Philosophie nahebrachte und vor allem George Harrison neue Horizonte eröffnete. Er ist hier 2008 verstorben. Seine sterblichen Überreste wurden nach Indien überführt. Angebote, wie sie vom Kreamtorium in Venlo nach Deutschland verbreitet werden, konnten ihn offenbar nicht locken. Seine Nachfolger führen sein Werk in seinem Sinne fort.

Tipps Limburg

Das Traumschloss **Heerlerheide** wurde in **Heerlen** lange Jahre von Vater und Sohn Schoonbroodt betrieben (Ganzeweide 113–115, www.droomkasteelheerlerheide.nl). Das fantasievoll erbaute Schloss mit seinen wie mittelalterlichen Türmen und steinernen Tieren sollte vor allem Kinder zum Träumen anregen, allerdings machte die Konkurrenz der vielen Vergnügungsparks es den beiden nicht leicht. Seit 2012 wird das Gelände zum Verkauf angeboten; doch die imposanten Überreste können noch besichtigt werden.

Das **Bonnefantenmuseum** in **Maastricht** hat nichts mit Elefanten zu tun, sondern viel mit moderner Kunst (Avenue Ceramique 250, www.bonnefanten.nl).

Und last, but not least, das Dreiländereck in **Vaals**, wo die Grenzen von Deutschland, Holland und Belgien aufeinanderstoßen. Sicherlich in jedem Buch enthalten, bestimmt keine Novität mehr, aber auch der beste Punkt, um eine Rundreise wie diese zu beenden.

Nachwort: Des Pudels Kern

Seit 2006 stellt nach jeder Fußballweltmeisterschaft mindestens ein deutscher Leitartikler die Frage, ob sich nun – dank des sympathischen, multikulturellen Auftretens der deutschen Mannschaft – aber wirklich das Image des Landes nachhaltig und eindeutig gebessert hat. Man muss den Holländern hoch anrechnen, dass sie sich mit derlei Fragen nicht quälen. Sie gehen einfach davon aus, dass man sie in aller Welt mag; eine Tatsache, aus der sie ein gerütteltes Maß an Optimismus ableiten. Die Logik dahinter ist einfach: Sie gehen davon aus, dass ein Land, welches beliebt ist, einfach weniger Ärger mit seinen Nachbarn hat. Worauf sich diese Beliebtheit gründen soll, wird in der Regel nicht debattiert. Viele gehen einfach mal davon aus, durch und durch liebenswert zu sein – zumindest so lange, bis ihnen das Gegenteil bewiesen wird.

Ein weiteres Indiz für holländische Beliebtheit ist – in den Augen der Holländer – die Tatsache, dass das Land mehrfach den europäischen Schlager-Grand-Prix gewonnen hat. Natürlich wird der Wettbewerb auch in den Niederlanden als »Europameisterschaft für Schwule« veralbert, aber nichtsdestotrotz ernst genommen. Das Land bemüht sich jedes Jahr mit ralph-siegelhafter Entschlossenheit (das holländische Pendant zu Siegel nennt sich Gordon Heuckeroth), endlich wieder in die Endrunde vorzustoßen. Wenn es dann mal – wie 2013 – gelingt, dann ist die Euphorie groß.

Als Stefan Raab, erst mit seinem Schützling Guildo Horn und dann höchst selbst, den Wettbewerb auf seine Lächerlichkeit hin überprüfte, erregten die Auftritte in Holland Verwunderung. Die Deutschen kann doch niemand leiden, wie können sie leichtfertig eine solche Chance für die Selbstdarstellung verschenken?

Es kommt auch nicht selten vor, dass Schlamperei mit Lockerheit verwechselt wird und schlechte Manieren mit Individualität. Der Holländer hält sich für einen Freigeist und spricht doch ziemlich oft von der Obrigkeit. Regeln werden abgelehnt, egal ob sie sinnvoll sind oder nicht.

Wenn man Niederländer danach fragt, was sie ihrer Meinung nach für typisch Niederländisch halten, beziehen sich die schnellsten Antworten auf Äußerlichkeiten. Windmühlen, der Mohrrüben-Eintopf *hutspot*, Käse, Holzschuhe und die berühmte *gezelligheid*, die man weder mit »Geselligkeit« noch mit »Gemütlichkeit« ganz genau übersetzen kann.

Wenn es hingegen um so etwas wie die Seele oder Eigentümlichkeiten der Nation geht, wird die Antwort schon schwieriger.

Zum einen, weil es in dieser Frage den meisten Ländern wie den Leuten geht. Ganz unbeobachtet unter sich ist man schon der Meinung, dass man die meisten Sachen ganz gut hinkriegt, auf jeden Fall besser als die meisten anderen. Und selbst wenn das nicht zutrifft, kann man sich immer noch damit trösten, dass andere bei gewissen Herausforderungen mit Sicherheit eine viel schlechtere Figur machen würden.

Da man aber über Lebenserfahrung und Erziehung verfügt, behält man solche Meinungen eher für sich und blickt stattdessen bescheiden auf die Schuhspitzen.

Von ihren Kommunikationstrainern und Business-Experten wissen die Niederländer, dass sie bei gewissen Nationen (Engländern, vielen Asiaten) als unverblümt, ja geradezu schroff gelten, weil sie sich nicht lange mit Höflichkeitsfloskeln aufhalten und gerne auch ungefragt kritisieren. Allerdings wird diese Einschätzung eher als Lob empfunden – für eine besonders ausgeprägte Form von Ehrlichkeit.

Aber wenn dann Auswärtige Holländern Eigenschaften zuschreiben, die zwar auch lobenswert sein können – Verlässlichkeit, Gründlichkeit etc. –, aber eben auch den Nachteil haben, zumindest in niederländischen Augen als typisch deutsch zu gelten, dann wird es kompliziert. Denn wer will bei der Suche nach der eigenen Identität schon hören, dass er eigentlich einer anderen gleicht?

Wobei die Gefahr der Verwechslung tatsächlich eher gering ist, denn es gibt, nicht nur in den Nuancen beträchtliche Unterschiede.

Marijn Dekkers, der in Leverkusen zum Chef der Bayer AG auf-gestiegen ist, beklagte einmal in einem Interview mit der Frankfurter Allgemeinen, dass die Deutschen zu wenig Wagemut zeigten und immer alles absichern wollten und nach den Risiken fragten.

Oberflächlich betrachtet ist an dieser These einiges dran. Wenn man den Amsterdamer Hauptbahnhof nicht in der Richtung verlässt, in die die Touristen strömen, sondern sich nach Nordosten wendet kommt man an der Piet Heinkade zur Industrie- und Handelskammer. Die Kamer van Koophandel ist in einem modernen, hellen freundlichem Gebäude untergebracht, wo kundige Servicekräfte hinter Flachbildschirmen auf unternehmungslustige Landsleute warten.

Es dauert nicht länger als eine halbe Stunde, dann ist der Eintrag im Handelsregister erstellt und die neue Firma kann loslegen. Für die Firmengründer gibt es beinahe jede erdenkliche Hilfe. An den Computern kann man sich über die Liquidität potentieller Geschäftspartner informieren, an Info-Ständen gibt es kiloweise Broschüren, in den fast alle Aspekte des Wirtschaftslebens erläutert werden, und zwar in einer Sprache, die für jeden verständlich ist.

Das hat zur Folge, dass sich in Holland mehr Leute als hierzulande als Business-Leute versuchen. Allerdings ist der Wagemut nicht immer mit Stehvermögen verbunden. Man hat eine Idee, nutzt die ersten Kunden als Versuchskarnickel und wenn es dann nicht funktioniert, wird das ganze Vorhaben eben schnell wieder begraben. Tatsächliche Marktanalyse oder halbwegs langfriste

Planung scheinen jenseit der großen Konzerne (Shell, Heineken, Philips et al.) eher verpönt zu sein. So gab es eine junge Frau, die ein kleines Schnellrestaurant auf die Beine stellte, den Laden Burger Queen nannte und sich wunderte, weil ihr plötzlich Post von den Anwälten einer weltweit operierenden Bulettenbraterei ins Haus flatterte.

Eine aufstrebende Ferienanlage bemühte sich besonders um Besucher aus Deutschland. Die Betreiber waren recht verwundert, als ihnen Gäste aus dem Nachbarland erklärten, dass Prospekte mit der Aufschrift »Jedem das Seine« in Deutschland nicht bei jedem zwangsläufig Erinnerungen an Urlaub auslösen.

Auch würden die meisten Holländer vermutlich empört zurück-weisen, wenn man sagte, dass sie viel obrigkeitsgläubiger sind als sie denken. Und doch werden Schaffner und ähnliche öffentliche Autoritäten trotz des jovialen Tons mit mehr Respekt behandelt. Und ihren Anweisungen ist Folge zu leisten, was in der Regel auch getan wird, so sinnlos diese Anweisungen manches Mal sein mögen.

Und bei aller Freizügigkeit weiß der Niederländer sich wohlbehütet. Als die Polizei vor einigen Jahren einen Escort-Ring vom Markt nahm, weil dessen Betreiber sich des Menschenhandels verdächtig gemacht hatten, machten sich die Beamten die Mühe mit einer Rund-SMS die Kundschaft des Etablissements vor weiteren Kontakten zu warnen. Und nicht wenigen Herren wurde bei dieser Gelegenheit bewusst, dass es vermutlich doch keine so gute Idee war, die Anrufe von der Arbeit oder dem Privathandy zu tätigen.

Vor einiger Zeit wurde die gute alte Papierfahrkarte abgeschafft und durch die OV chipkaart (Openbare vervoer = öffentlicher Nahverkehr) ersetzt. Von nun checkte jeder Fahrgast beim Ein- Aussteigen mit seiner Chiparte ein bzw. aus. Auf dem Chip bleiben alle Fahrten registriert, weshalb die Betreiber - wenn sie es denn wollten - von ihren Landeskindern recht gründliche Bewegungsprofile erstellen könnten. Protest gegen diese Form der Datenerfassung regte sich erst recht spät und sehr verhalten. Das wäre bei den östlichen Nachbarn vermutlich anders gewesen.

Ein Vergleich der deutschen und niederländischen Geschichte zeigt schnell, warum das nachbarschaftliche Verhältnis von so viel Nähe und Niggeligkeiten geprägt ist. In nahezu jeder Epoche mussten sich die beiden Länder mit ähnlichen Problemen herumschlagen, kamen aber regelmäßig zu unterschiedlichen Lösungen.

Während sich Deutschland im achtzehnten Jahrhundert langsam von dem Rückschlag des Dreißigjährigen Krieges erholte und Preußen mit einem gigantischen Heer und einem noch größeren Sparprogramm den Aufstieg zur europäischen Großmacht anging, war dieser Zeitraum für Holland eine Periode langsamen Niedergangs. Zwar waren holländische Schiffe immer noch auf allen Weltmeeren anzutreffen, aber mit Großbritannien war ein Konkurrent erwachsen, der über mehr Menschen und Material verfügte. Auf dem Kontinent erwies sich Frankreich als Macht Nummer eins.

Unter Napoleon verloren die Niederlande, wie fast ganz Europa, ihre Unabhängigkeit. Aus dem Land wurde die Republik Batavien, offiziell dem revolutionären Frankreich nachempfunden, aber in Wirklichkeit dürfte die Begeisterung für das oktroyierte System genauso groß gewesen sein wie beim Satelliten DDR der Enthusiasmus für den großen Bruder Sowjetunion. Nachdem Napoleon endgültig geschlagen war, kehrten die Niederlande wieder zur Staatsform Monarchie zurück, seit dieser Zeit sitzen Oranier auf dem Thron.

Die Revolution von 1848 scheiterte in Holland wie in Deutschland. Trotzdem gewann der Parlamentarismus in Holland an Boden, auch gab es soziale Verbesserungen für die Arbeiterschaft, die aber im Unterschied zu Deutschland nicht von der Sozialdemokratie, sondern von den Liberalen ausgingen. Ebenso wie in Deutschland gewann in Holland die Industrialisierung an Schwung. Handelsmarken wie C&A oder Peek & Cloppenburg wurden von deutschen Auswanderern gegründet, beim Elektronik-Konzern Philips waren deutsche Manager an vielen Stellen tätig und Thyssen hatte zeitweise einen eigenen Hafen. Allerdings blieb Holland immer noch vorrangig eine große Kolonial- und Handelsmacht, die ihren Reichtum Besitztümern wie Niederländisch-Indien (das heutige Indonesien) verdankte.

Trotz der engen Verflechtungen wurde der Nachbar im Osten auch mit Argwohn betrachtet. Über die Provinzen Limburg und Luxemburg waren die Niederlande auch Teil des Deutschen Bundes, und 1867 war man sehr erleichtert, dass Bismarck seine Vereinigungsgelüste nicht auf holländisches Territorium ausdehnte. Auch die wirtschaftliche Zusammenarbeit war nicht frei von Krisen. Die Niederländer merkten mit Verwunderung, dass sie nach

Gründung des Deutschen Reiches den Rheinhandel nicht mehr wie Jahrhunderte zuvor nach Gutdünken beherrschen konnten. Der Ausbau des »Eisernen Rheins« – einer Bahnverbindung von Köln in das belgische Antwerpen – war als Signal in Richtung Holland gedacht (es gibt auch andere Häfen als Rotterdam) und wurde dort auch so verstanden.

Während im Ersten Weltkrieg in Deutschland alle Hoffnungen auf Weltherrschaft sich als Trugschluss erwiesen, gelang es den Niederlanden, sich aus diesem ersten Weltenbrand herauszuhalten. Das war sicherlich zu einem Teil der holländischen Staatskunst zu verdanken, aber andererseits war auch die Ausgangssituation günstig. Sowohl Großbritannien als auch Deutschland waren an neutralen Niederlanden interessiert. In London ging man davon aus, dass ein alliiertes Holland bald von Deutschland besetzt worden wäre, und in Deutschland war es Generalstabschef Moltke, der Holland als die »deutsche Luftröhre« bezeichnete, durch die das Land auch dann noch würde atmen können, wenn die Alliierten die Küsten blockierten. So veränderte er den Schlieffenplan für den Angriff auf Frankreich dahingehend, dass deutsche Truppen »nur« die belgische Souveränität verletzten.

Durch die Kriegsjahre kam Holland nicht ohne Lavieren. Die Briten warfen ihnen vor, durch Schmuggel nach Deutschland die Blockade zu unterlaufen (was stimmte). Die Holländer beklagten sich bei den Deutschen wiederum, dass der seit 1917 uneingeschränkte U-Boot-Krieg auch bei der holländischen Handelsmarine zu Verlusten führte (was ebenfalls wahr war).

Doch am Ende des Krieges standen die Niederlande besser da als die meisten ihrer europäischen Nachbarn. Während die Blutmühlen des Weltkrieges beinahe alle Gesellschaften des Kontinents erschütterten, es zu Revolten, Revolutionen und Abdankungen kam, lebten die Niederlande weiter wie bisher. Sie hatten ihr Kolonialreich retten können, und trotz einiger Unruhen gab es niemals die ernsthafte Gefahr einer Revolution. Man war nicht nur der Meinung, im großen Krieg alles richtig gemacht zu haben, sondern schon seit Jahrhunderten immer etwas cleverer gewesen zu sein als der Rest. Wenn man sich diese Hybris vor Augen führt, versteht man etwas besser, wie groß der Schock der deutschen Besatzung im Zweiten Weltkrieg dann war.

In der Zwischenkriegszeit schien man auf einem guten Weg zu sein. Weltkonzerne wie Shell, Unilever oder die Fluggesellschaft KLM entstanden, und während der Weltwirtschaftskrise gab es wie anderswo Beschäftigungsprogramme, die unter anderem den Amsterdamer Stadtwald und das Olympiastadion zur Folge hatten. Ansonsten versuchte Holland, sich wieder aus dem aufkommenden Konflikt herauszuhalten. Dabei nahm man in Kauf, dass das Land von beiden Seiten kritisiert wurde.

Man sollte sich täuschen. Hitler hatte andere Pläne.

Im Mai 1940 wurde auch an der Westfront der »Sitzkrieg« zum Blitzkrieg, und ein paar Wochen später waren die Beneluxstaaten und Frankreich überrannt, das NS-Regime befand sich – wenn auch nicht auf dem Gipfel seiner territorialen Ausdehnung, so doch auf der Höhe seiner Macht. Hitler ging nach diesem gigantischen Erfolg fest davon aus, dass Großbritannien nichts anderes übrig bleiben würde, als um Frieden zu bitten; was möglicherweise ein Grund für die anfängliche Milde des Besatzungsregimes war. Die Verwaltung des besetzten Landes wurde der holländischen Zivilverwaltung übertragen, die einer Handvoll Kommissare unterstand, die allesamt aus Österreich kamen, was aber später keine Rollte spielte. Als der Österreicher Ernst Happel holländischer Fußball-Nationaltrainer wurde, musste er sich zu keiner Zeit Sorgen um seine Frisur machen, und sein Trikot wollte auf dem Weg zur Toilette auch niemand ausborgen.

Die ersten Maßnahmen der deutschen Besatzer gingen nicht an die Substanz. In Holland wurde wie in Deutschland der Rechtsverkehr eingeführt, die eigene Zeitzone ebenso abgeschafft wie das bis dahin geltende Vorfahrtsrecht für Radfahrer. Die ersten beiden Maßnahmen haben bis heute Bestand; das Vorfahrtsrecht der Radler wurde 2001 wieder eingeführt.

Was anfangs auf freiwilliger Basis funktionierte – schon in den Dreißigerjahren gingen Niederländer nach Deutschland arbeiten –, wurde mehr und mehr zum Zwang und endete, als sich kaum mehr »Freiwillige« fanden, in Verschleppung.

Zu dem Schock, ausgerechnet von dem Land überfallen worden zu sein, dem man in all den Jahren zuvor die Stange gehalten hatte, kam auch die Scham über das eigene Versagen. Zwar gab es in den Niederlanden Widerstand, er erreichte allerdings nicht das Ausmaß wie in anderen besetzten Ländern.

Nirgendwo anders in den besetzten Gebieten gab es so viele Einheimische, die sich zur Waffen-SS oder anderen deutschen Verbänden meldeten.

In den Niederlanden war der Anteil der ermordeten Juden so groß wie nirgendwo sonst in West-Europa. Adolf Eichmann bemerkte später, dass in Holland »alles wie am Schnürchen lief« und man sich getrost auf die holländische Zivilverwaltung verlassen konnte, weil es dort zu keinerlei Sabotage kam. Es gehört zu den bitteren Ironien der Besatzungszeit, dass ausgerechnet ein holländischer Beamter ein Ausweisformat entwickelte, das – mit Passfoto und Fingerabdruck versehen – für die damalige Zeit absolut fälschungssicher war und so das Untertauchen und Flüchten erschwerte.

Nach dem Krieg erscholl der Ruf nach Rache, was bald Kollaborateure – egal ob echt oder vermeintlich – zu spüren bekamen. Zeitweise wurde sogar erwogen, Deutschland mit Gebietsverlusten für den Krieg bezahlen zu lassen. Bis nach Bremen sollten die Landgewinne gehen, und bis auf die Friesen sollten alle Deutschen für ihre Frevel mit Zwangsarbeit zahlen. Bald aber dämmerte bedächtigeren Köpfen, dass man die eroberten Gebiete auch irgendwie ernähren müsste und ein zerstückeltes Deutschland kein Absatzmarkt für holländische Produkte mehr wäre. So blieb es am Ende nur bei der Besetzung des Selfkants, eines schmalen Landstreifens, der erst 1963, gegen 280 Millionen D-Mark, wieder unter deutsche Hoheit kam.

In den Siebzigern begann der langsame Abbau des Wohlfahrtstaates, der beinahe jeden Bürger zum Teil der Mittelschicht gemacht hatte. Seit dieser Zeit hört man ungefähr im Zehnjahresrhythmus Untergangsszenarien, die in der Regel folgende Komponenten enthalten: Das gesellschaftliche Miteinander ist in

Auflösung begriffen, jeder denkt nur noch an sich selbst. Es gibt keine Eigeninitiative mehr, das Maß ist voll.

Auch als der Ostblock zusammenbrach, herrschte diese Stimmung. Die deutsche Wiedervereinigung hatte die Holländer – wie viele andere auch – auf dem falschen Fuß erwischt. Böse Erinnerungen an die alten Zeiten wurden wach. Die holländischen Offiziellen mussten zudem feststellen, dass die Abneigung – gerade unter den Jüngeren – gegenüber den *Oosterburen* beträchtlich war. Bemerkenswert war daran einer Studie zufolge, dass die negativen Meinungen über Deutschland Hand in Hand gingen mit absoluter Ahnungslosigkeit. Man konnte zu dieser Zeit circa siebzehnjährige Holländer treffen, die einem detailreich schilderten, wie sehr sie unter der Waffen-SS gelitten hatten. Dass die Deutschen in ihren Erzählungen komischerweise immer wieder genau jenes Schwachmaten-Deutsch sprachen (»Schnell machen, Schweinhund, los, los, los!«), das in den Niederlanden vor allem durch Serien wie *Hogan's Heroes (Ein Käfig voller Helden)* oder *'allo, 'allo!* verbreitet wurde, sei nur am Rande vermerkt. Auf jeden Fall ließen sich Holländer, als in Deutschland Ausländerwohnheime überfallen und Brandanschläge auf Türken verübt wurden, leicht ermutigen, mit Protestbriefen (*»Ik ben woedend!«*) an die Bundesregierung ihrer Empörung Ausdruck zu verleihen.

Die Neunzigerjahre des letzten Jahrhunderts wurden zu einer Boomperiode. Das ganze Land schien dauernd irgendwo zu bauen und zu hämmern. Die Niederlande waren immer noch wuselig voll, aber das schien kein Problem mehr zu sein, denn die Holländer hatten inzwischen so viel Geld, dass sie auch in Deutschland

Eigenheime bauen konnten. Zudem schien der materielle Aufschwung mit einer allgemeinen Liberalisierung und Gelassenheit einherzugehen. Holland war Vorreiter in Sachen Homo-Ehe und Sterbehilfe. Die Tatsache, dass man sich in Holland auch in seinem Vorgarten begraben lassen kann oder Tante Frieda auch in der Urne auf dem Kaminsims stehen darf, füllte regelmäßig die Boulevardspalten.

Holland fühlte sich wieder mit sich selbst im Reinen. Bill Clinton sprach sogar vom *gidsland*, also – in seinen Worten – von einem Staat, der schon heute vorlebte, wie die Welt morgen miteinander umgehen sollte. Das kam bei den sendungsbewussten Niederländen nicht schlecht an, und beinahe jeder ging davon aus, dass die Entwicklung auch im neuen Jahrtausend so weitergehen würde. Es schien keine »Großen« und »Kleinen« zu geben, sondern wer schnell genug war, würde überleben, und die geistige und sonstige Beweglichkeit der Niederländer war ja wohl über jeden Zweifel erhaben.

Doch das 21. Jahrhundert begann mit einer Reihe düsterer Paukenschläge. Heute wirkt es wie ein Menetekel, dass zur Jahrtausendwende in Volendam Dutzende Menschen ums Leben kamen. Dann explodierte in Enschede eine Feuerwerksfabrik, ganze Stadtviertel sahen danach aus wie nach einem Flächenbombardement. 2002 wurde der Populist Pim Fortuyn ermordet. Fortuyn, offen snobistisch und unbekümmert homosexuell, verband die manierierte Attitüde eines Oscar Wildes mit Thesen, die man hierzulande auch von Thilo Sarrazin hören konnte. Sein Programm fand schnell Zuspruch, besonders in den großen Städten mit den immer größer werdenden Problemvierteln. Nach seinem Tod verfiel die von ihm gegründete Partei, aber die Politik kam nicht zur Ruhe. 2005 wurde der Provokateur Theo van Gogh ermordet. Wie Fortuyn war er ein Repräsentant der Oberschicht, der die Befürchtung seiner Landsleute artikulierte, dass ihnen die ganze Entwicklung entgleitet. War Fortuyn sehr auf Stil und Grandezza bedacht, wirkte Van Gogh hingegen wie ein verwahrloster Bohémien, der unter dem Tourette-Syndrom litt. Vor seinen Beleidigungen und Verunglimpfungen war so gut wie niemand sicher. Wurde Fortuyn noch von einem wirren Umweltaktivisten attackiert, war der Täter bei Van Gogh ein Marokkaner, der am Tatort ein islamistisches Bekennerschreiben hinterließ. Einflussreiche Politiker erklärten später, dass sie zu diesem Zeitpunkt nicht ausschließen konnten, dass in Holland ein Bürgerkrieg ausbrechen könnte. Manche fürchteten Zustände wie in Ex-Jugoslawien, andere fühlten sich an die Reichskristallnacht erinnert, wo das Attentat auf den deutschen Botschafter in Paris als Anlass für Pogrome und Übergriffe auf Synagogen genommen wurde. Dazu kam es glücklicherweise nicht, obwohl Moscheen angegriffen wurden und es zu Straßenkämpfen kam.

2014 kam es zur bislang größten Katastrophe. Am 17. Juli wurde über der Ukraine eine Boeing der malaysischen Fluggesellschaft abgeschossen. Alle 298 Passagiere starben, darunter waren ein 196 Niederländer. Um das Ausmaß der Katastrophe zu verdeutlichen, verglich der Publizist Joris Luyendijk die Anzahl der Todesopfer mit dem 11. September 2001. Prozentual waren bei dem Absturz der Boeing mehr Niederlander ums Leben gekommen als Amerikaner bei der Attacke auf das World Trade Center.

Die Wellen der Empörung schlugen hoch. Die Bilder von Bewaffneten, die in dem Gepäck der Toten wühlten, machten wütend. Die Tatsache, dass sich die Ankunft der Inspekteure am Unfallort verzögerte, stachelte diese Wut weiter an.

Hans de Borst, dessen Tochter Elsemiek bei dem Absturz ums Leben gekommen war, schrieb einen Brief voller Schmerz an die Mörder. Dieser Brief ging um die Welt und wurde dabei äußerst selten korrekt und vollständig zitiert. In dem Moment, da diese Zeilen geschrieben werden, liegt noch immer kein vollständiger Bericht über die Ursache des Absturzes vor. Kurz nach dem Abschuss schien mehr als wahrscheinlich, dass die Separatisten im Osten der Ukraine, möglicherweise mit Hilfe der Russen, die Maschine vom Himmel geholt hatten. Dies veranlasste viele Medien, ihre Beiträge über den trauernden Vater damit aufzumachen, dass sich der Vater sarkastisch bei Putin »bedankt«. Allerdings weiß jeder, der den Brief gelesen hat, dass der Autor den russischen Präsidenten sehr wohl für den Hauptverdächtigen hält, aber selbst in seiner Trauer die Möglichkeit nicht ausschließen wollte, dass die Tat von den Separatisten allein oder gar von der ukrainischen Regierung verübt worden war. Obwohl ihn der Verlust halb in den Wahnsinn getrieben haben muss, besaß der trauernde Vater in diesem Moment noch mehr Urteilskraft als viele, die das Geschehen aus der Ferne verfolgt hatten und eigentlich abgeklärter hätten sein sollen. Die Würde des Vaters in dieser Situation war beeindruckend, ebenso wie die Trauerzüge, die danach das ganze Land durchzogen.

In den Tagen nach dem Absturz wiesen Twitter-Meldungen aus der Ukraine mehrfach darauf hin, dass eine der beiden Töchter Wladimir Putins mit ihrem holländischen Mann in den Niederlanden lebt. Dieser steht in dem Ruf – vorsichtig ausgedrückt – nicht unbedingt ein untadeliger Geschäftsmann zu sein.

Bald jedenfalls wurden erste Stimmen laut, die aufforderten, die Tochter für die Taten ihres Vaters verantwortlich zu machen oder sie – weil es doch gleich um die Ecke liegt – nach Den Haag zu schaffen und vor dem Internationalen Strafgerichtshof anzuklagen.

Ob es wirklich vor ihrem Wohnhaus in Voorschoten zu einer Demonstration kam – der *Telegraaf* hat regelmäßig Bilder von ihrem Penthouse, aber nichts von einer Demo veröffentlicht – ist nicht sicher und eher unwahrscheinlich. Auch die Berichte von ihrer angeblichen Flucht versickerten nach ein paar Tagen im Nichts. Stattdessen gab es in Internetforen und bei den einschlägigen sozialen Medien überraschend viele besonnene und kluge Stimmen.

Vor ein paar Wochen begann Amsterdam mit einer Werbekampagne, die sich vor allem an russische Touristen wendet. Das kann ein Zufall sein, möglicherweise sogar nicht frei von Zynismus, aber ehrlich gesagt ist das noch unwahrscheinlicher.

Damit wir uns nicht falsch verstehen. Putin ist vermutlich derzeit der unbeliebteste Mann in Holland. Wer hören will, wie Einheimische über einen Herrn herziehen, dem das Böse aus allen Knopflöchern blitzt, der muss das Gespräch auf den Absturz bringen. Aber dennoch ist Holland eine Nation, die trotz aller

Wut und allem Schmerz genug Klarheit bewahrte, um Exzesse zu verhindern. Ein solches Land dürfte für die Zeiten, in denen wir leben, und mehr noch für die, auf die wir zusteuern, ganz gut gerüstet sein.

Literatur-Tipps

Wer sich weiter mit dem Thema befassen will, findet hier mehr als genug Informationen. Die Auswahl erhebt keinerlei Anspruch auf Vollständigkeit.

Asscher, Maarten: H2olland. Wie die Niederländer das Meer besiegen. Sammlung Luchterhand.

Barnouw, David: Die Niederlande im Zweiten Weltkrieg. Eine Einführung. Agenda.

Beuys, Barbara: Leben mit dem Feind. Amsterdam unter deutscher Besatzung 1940-1945. Hanser.

Brachin, Pierre: Die niederländische Sprache. Helmut Buske Verlag.

Buruma, Ian: Die Grenzen der Toleranz. Hanser.

Driessen, Christoph: Geschichte der Niederlande. Von der Seemacht zum Trendland. Pustet.

Driessen, Christoph: Kleine Geschichte Amsterdams. Pustet.

Ebert, Anne-Katrin: Radelnde Nationen. Die Geschichte des Fahrrads in Deutschland und den Niederlanden bis 1940. Campus.

Frenzl, Manfred: Friesland. Edition Martim.

Guerrero, Gonzales A. & Ferrari, Soledad: Máxima, Königin der Niederlande. Knaur.

Kellerhof, Sven Felix: Der Reichstagsbrand. Karriere eines Kriminalfalls. Be Bra.

Liempt, Ad v.: Kopfgeld. Bezahlte Denunziation von Juden in den Niederlanden. Siedler.

Linthout, Dik: Niederlande. Ein Länderporträt. Ch. Links.

Mak, Geert: Amsterdam. Bioraphie einer Stadt. Siedler.

Mak, Geert: Das Jahrhundert meines Vaters. Siedler.

Mak, Geert: Der Mord an Theo van Gogh. Suhrkamp.

Mak, Geert: Kleine Geschichte der Niederlande. Beck'sche Reihe.

Mak, Geert: Niederlande. C. H. Beck.

Moldenhauer, Gebhard & Vis, Jan (Hg.): Die Niederlande und Deutschland. Einander kennen und verstehen. Waxmann.

Noorlag, Ali: Ein Leben lang geschwiegen. Bis-Verlag.

Schweighöfer, Kerstin: Auf Heineken können wir uns einigen. Piper.

Thomas, Alexander & Schlizio, Boris U. (Hg.): Leben und Arbeiten in den Niederlanden. Vandenhoek & Rupprecht.

Wielenga, Friso: Die Niederlande. Waxmann.
Wielenga, Friso: Geschichte der Niederlande. Reclam.
Wielenga/Taute (Hg.): Länderbericht Niederlande. Bundeszentrale für poltische Bildung.

So, und jetzt für die Unerschrockenen ein paar Lese-Tipps auf Niederländisch, für all diejenigen, die mit dem Gedanken spielen, diese seltsam fremde, seltsam nahe Sprache zu lernen.

Klun & Beek, Hans van der: Aan de Amsterdamse Grachten. Podium Verlag. (Ein Führer durch die Kneipen, Bars und Clubs der Stadt. Versteht sich als endgültige Top 100. Darüber kann man natürlich trefflich streiten. Und einige der geschilderten Etablissements gibt es auch nicht mehr. Reich an Anekdoten.)
Olde Kalter, Jens: Badr. Verlag Prometheus. (Eine Biographie des skandalumwitterten Kampfsportlers Badr Hari. Der Autor ist Sportjournalist und ebenfalls Kickboxer. Er hat mit seinem Protagonisten geredet, dennoch ist das Buch nicht autorisiert. Das Werk gibt viele Einblick in die Binnenkultur Hollands. Und zwar sowohl in die Problemviertel als auch in die Promi-Szene.)
Souer, Herman: Amsterdam in vier Wandelingen. Verlag Aprilis. (Vier Stadtspaziergänge durch das normale, »un-touristische« Amsterdam mit Auge für architektonische Kleinode.)
Vossestein, Jacob: Pas op, Nederlanders. Verlag Bert Bakker. (Der Autor hat einige Erfahrung darin, Ausländer auf das Le-

ben in Holland vorzubereiten. Nun erzählt er seinen Landsleuten wie sie das Ausland sieht. Seine Erkenntnisse nicht so verblüffend, auch nicht unbedingt tiefschürfend. Aber sie geben einen guten Überblick und sind leicht lesbar.)

Wildt, Annemarie de & Arnoldussen, Paul: Liefde te koop. Verlag Bas Lubberhuizen. (Das Buch schildert auf sechs Spaziergängen durch die Amsterdam die Geschichte der Prostitution in der Stadt. Mit vielen historischen Details, aber auch Informationen über die jüngste Vergangenheit.)

Zijl, Annejet van der: Een dag om nooit te vergeten. Querido. (Das schmale Buch schildert die Unruhen, die in Amsterdam am 30. April 1980 zum Königinnentag stattfanden. Aus der Perspektive der Nachgeborenen geschrieben, deshalb in manchen Punkten etwas ratlos, aber auf jeden Fall detailreich.)

Autor Thomas Fuchs

Thomas Fuchs schreibt Romane (Arminius – Kampf gegen Rom), Biographien (Johnny Depp – Der Mann hinter den Masken) und Reisebücher (Amsterdam – 111 Orte, die man gesehen haben muss).

Danksagung

Egal wieviel man guckt, fragt und liest: Am Ende ist man allein aufgeschmissen. Deshalb möchte ich mich hier stellvertretend für viele andere bei Myrthe Hilkens, Zindy Jonkhart, Esther Meppelink vom Courtesan Club, Eva Maria Pieper, Renate Verhoofstad, Joris Houtman vom Café Brecht, David Endt von Ajax Amsterdam und Joris Luyendijk vom *Guardian* für ihre Zeit und ihre Geduld bedanken, mit der sie meine Fragen beantwortet haben. Für eventuell vorhandene Fehler und Irrtümer übernehme ich wie immer allein die Verantwortung.